# COMUNICACIÓN CORPORATIVA 4.1
(EN TIEMPOS DE CRISIS)

Coordinación de la obra
**Stalkeo Empresarial**
Uriel Naum Ávila, José Rodríguez, Eva Zamora Téllez

Corrección de estilo y cuidado de la edición
Alain Prieto Soldevilla

Diseño de portada y libro
Sergio Montes Valdovinos

Derechos Reservados
**Stalkeo Empresarial**
Segunda edición, diciembre de 2021

Este libro o cualquiera de sus partes no podrán ser reproducidos ni archivados en sistemas recuperables, ni transmitidos en ninguna forma o por ningún medio, ya sea mecánico o electrónico, fotocopias, grabaciones o cualquier otra plataforma o formato, sin el consentimiento y permiso previo y por escrito de Stalkeo Empresarial.
Porfirio Díaz #65, Interior 19. Col. Del Valle.
Ciudad de México, México.
www.stalkeoempresarial.com
hola@stalkeoempresarial.com

**Stalkeo Empresarial se escucha en:**
Spotify, Apple Podcasts, Anchor.fm

ÍNDICE

Prólogo .................................................................................................. 1

Introducción ......................................................................................... 9

Súbete a la ola digital y evita que te arrastre ................................... 15
👤 Amaranta Gaona y Cristina Mendoza

Por qué el propósito debe guiar tu comunicación ............................ 25
👤 María Fernanda Vivar García

La era de la comunicación empática ................................................ 37
👤 Eva Zamora Téllez

Conoce, anima y genera sentimientos .............................................. 49
👤 Thony Da Silva Romero

Cómo sacarle provecho a tu Marca Personal .................................. 61
👤 Rubén Martín Rubio

El yugo del tiempo real ..................................................................... 71
👤 Luis Alberto Rodríguez Juárez

Contenido: larga vida al rey ............................................................. 83
👤 Hugo Domínguez

La reina es el contexto ...................................................................... 97
👤 Mario A. Esparza

Tácticas para una entrevista exitosa .............................................. 107
👤 Uriel Naum Ávila

Lo que tu marca debe comunicar ................................................... 121
👤 Jesús Meza

Las preguntas claves que debes responderte ................................ 129
👤 José Rodríguez

Lenguaje no verbal en la era digital .............................................. 143
👤 Cláudia Mourão

Y llegaron los influencers ............................................................... 151
👤 Ivette Dickinson Galicia

Periodismo y Relaciones Públicas o cómo contar buenas historias ...... 163
👤 Andrés A. Solis

El nuevo papel de las agencias de Relaciones Públicas boutique ...... 175
👤 Jenny Ochoa y María Dolores Montes

La fábrica de 'Wow Content': Un taller de artesanos y científicos de datos ...... 185
👤 Juan Manuel Fernández C.

# PRÓLOGO

A poco más de un año de que la pandemia del SARS-COV-2 —mejor conocido por el nombre de la enfermedad que causa, Covid-19— cambió la forma en que el mundo opera, me parece que va quedando cada vez más claro el papel preponderante de la tecnología y de los mecanismos de comunicación inmediata y virtual como los famosos Zoom o Teams, o un sinfín de vehículos tecnológicos de agrupación social que tanto utilizamos estos días y que hace poco más de doce meses pocos conocíamos. Hoy las empresas han dejado a un lado las reuniones presenciales y todo se maneja por medios virtuales similares a los medios sociales que tanto impactan la vida cotidiana como Twitter, Instagram, Facebook, Snapchat, TikTok y otros.

En este entorno cada vez más inmediato y totalmente digitalizado los temas de reputación se vuelven más relevantes y se vuelve crítica la necesidad de construir una imagen basada en hechos reales que puedan ser corroborados y validados. Esto se conoce como el storydoing, porque ya no sólo sirve contar historias sin dar evidencias que las verifiquen como se venía haciendo con el storytelling.

Las empresas requieren una visión más proactiva que apoye a cultivar influencia digital y construir aliados. Como lo comentan los profesores David Lax y Jim Sebenius en su reciente investigación sobre los efectos de los medios sociales en las negociaciones: *Dealmaking Disrupted: The Unexplored Power of Social Media on Negotiation*, "social media" se vuelve un elemento crítico de la comunicación en general y para las empresas en particular. Hay muchos casos donde videos falsos tipo *deep fake*, u otros instrumentos digitales diseminan información falsa no comprobada que puede afectar de manera negativa a una institución o a un individuo. En ese caso, como lo señalan en su artículo mis profesores y amigos: "enseñamos cómo al ser proactivos, tanto cultivando influencia digital y alianzas para construir resiliencia a las amenazas a través del mundo de la información digital y sus ecosistemas, se puede proveer de ventajas críticas (a las empresas)… al navegar en un mundo hiper-conectado".

En esta misma línea, señalan que ver los temas digitales tan solo como otros canales de comunicación es un error, ya que se debe considerar a este nuevo mundo digital en su dimensión esencial, de la forma que afecta fundamentalmente a las relaciones externas de las empresas. No es un canal más de comunicación, y su desconocimiento y falta de atención puede impactar de manera grave el actuar empresarial como lo documentan en el caso de Amazon y su búsqueda de un nuevo sitio corporativo en la ciudad de Nueva York.

El contexto de ese caso es simple. A inicios de 2019 se esperaba que un nuevo campus de operaciones de Amazon iniciara actividades en el barrio de Queens de la ciudad de Nueva York, lo que generaría más de 25,000 empleos bien remunerados en la zona y una derrama estimada de $27,500 millones de dólares a cambio de beneficios fiscales de $3,000 millones de dólares.

Sin embargo, en el proceso de búsqueda de su nuevo centro corporativo en Queens, Amazon con todo su poderío económico no visualizó a un grupo de políticos locales —en específico, el senador estatal de Nueva York, Michael Gianaris, quien presidia un comité con poder de veto— que podrían encapsular el proyecto por intereses locales. En particular, el concejal Jimmy Van Bramer y grupos cercanos a la recientemente electa representante federal, Alexandria Ocasio-Cortez, se opusieran a dicho desarrollo organizando diversas protestas en contra, al asegurar que había detrás un "asistencialismo corporativo" por parte del gobierno local a las nuevas instalaciones.

Estos grupos dominaron las conversaciones en Twitter y el uso de los medios sociales apoyados por el movimiento de Socialistas Democráticos de América, DSA. Se fundamentaron en promover una imagen de la empresa como anti-sindicatos —que tiene ya una larga historia—, que su presencia iba a deteriorar la ya de por sí frágil infraestructura urbana de la zona y que les estarían dando dinero a una empresa que pagaba pocos impuestos y que sólo beneficiaría al hombre más rico del mundo.

De haber reconocido la existencia de estas agrupaciones y su poder de movilización social, Amazon podría haberlos atraído con promesas de apoyos locales para Queens como vivienda digna para aquellos que pudieran haber sido desplazados por la nueva demanda, infraestructura local mejorada en temas de transporte, programas de apoyo para educación, etc. Pero parecería que Amazon no estaba sensibilizada a estas conversaciones y el sentir de los entes locales que las expresaban. Es así como finalmente el proyecto fracasó habiendo sido considerado en un inicio como "demasiado bueno para fallar".

El otro centro corporativo en Arlington, Virginia, y su "Centro de excelencia" en Nashville, Tennessee, tuvieron historias distintas, ya que la empresa logró el apoyo inmediato de autoridades y planteó su llegada en términos empáticos con los residentes locales (Arlington de por sí ya era un centro tecnológico y sitio donde se desarrolló el internet).

Finalmente, a pesar del apoyo del alcalde de Nueva York, Bill de Blasio, y el gobernador del Estado, Andrew Cuomo, la historia terminó con un comunicado de Amazon donde aseguraba que estaban "decepcionados de haber llegado a la conclusión" de no abrir una sede en Nueva York y que "para Amazon, el compromiso para construir una nueva base requiere de relaciones de colaboración positivas con cargos electos locales y estatales que apoyen a largo plazo. Mientras las encuestas señalan que el 70% de los neoyorquinos apoyan nuestros planes y nuestra inversión, cierto número de políticos locales y estatales han dejado claro que se oponen a nuestra presencia y no van a trabajar con nosotros para construir la clase de relación que se requiere para seguir adelante, y que otros muchos veían para Long Island City".

Las preguntas que quedan son fundamentales para entender el papel de los medios sociales y de la necesidad de conocer el pulso de las conversaciones locales, y sostener una actitud proactiva. Todas las protestas y las voces en contra del proyecto se dieron en las redes sociales.

¿Cómo es posible que Nueva York no se quedara con la sede? Todo por la desinformación, que no tenía vinculación directa con los beneficios que en efecto generaría el proyecto; esto aunado a la falta de inteligencia en el uso de medios sociales que le permitiera a la empresa poner en práctica acciones a nivel local para disipar las resistencias. Esto fue lo que mató la idea. El error de la gran empresa nativa del mundo digital fue, "paradójicamente", no saber manejar el tema y los ataques en redes sociales.

Este ejemplo es importante, porque me parece que la mayoría de las empresas hoy día no tienen estrategias estructuradas en materia de medios sociales, más allá de un página web o en ocasiones el Twitter del CEO. La mayoría, en el mejor de los casos, sólo tienen programas de comunicación analógica tradicional y tal vez de comunicación digital, pero de manera unidireccional, lo que no permite apreciar las conversaciones.

Tener un Twitter, una página de internet, de Facebook e inclusive de YouTube o de TikTok, no es suficiente hoy día y menos en tiempos de Covid-19 y postCovid, donde las audiencias están conectadas a internet en todo momento.

El capital social, la imagen pública, se construye a través de los años preferentemente con casos de storydoing. Un político o líder empresarial no puede borrar de un plumazo todas las acciones que como líder hace y que se muestran en las redes sociales y los medios de comunicación a través del tiempo, y de eso tenemos muchísimos ejemplos actuales.

Por ello es necesario adaptar una estrategia distinta denominada LIMN (Learn, Influence, Mobilize, and Neutralize: Aprender, Influir, Movilizar y Neutralizar) que permita identificar y aprender del entorno.

Toda empresa tiene un espectro social (gobierno local, estatal y federal, empresas, población en general, ONGs, grupos de apoyo y grupos antagónicos) y para bien o mal, muchas veces entre estos grupos existen intereses encontrados. Es importante identificar a los grupos y sus intereses y es aquí donde la "inteligencia de medios sociales" es clave para ubicar dónde pueden estar las resistencias a los proyectos empresariales y qué se necesita para poder destrabar los obstáculos. En el caso de Amazon, de haber identificado a estos entes locales podrían haber reenfocado sus esfuerzos para desactivarlos.

Una vez identificados los distintos actores (los obvios y los no tan obvios), es importante desarrollar acciones para influir sobre ellos y es aquí donde se vuelve importantísimo poder movilizar a grupos aliados y actores cuyos intereses estén alineados con los nuestros. Si esto se logra efectivamente, el resultado es que se neutralicen los posibles ataques de donde pudieran venir.

En todo esto es importante realizar acciones constantes, documentar todo lo que se hace en materia de salud, educación, alimentación, esparcimiento físico, infraestructura básica, etc. Que cuando la gente hable de ello en redes sociales o en una charla personal, se articule una imagen de entidad promotora de solidaridad, de vecino responsable y que, como siempre me decía mi jefe en Torex Gold Resources, Fred Stanford, que "uno como líder o miembro de la empresa pueda sentirse orgulloso de lo que se hace".

Para llegar a ese punto, hay que echar mano de los procesos de comunicación tanto tradicionales como digitales de forma continua y lograr ese posicionamiento.

Un ejemplo de ello, en mi caso, fue durante la XXXIII Convención Internacional de Minería de Acapulco. En ese momento, laboraba como director de Asuntos Corporativos de Torex Gold, empresa dueña de Minera Media Luna en el municipio de Cocula, en el estado de Guerrero. Esta tenía un programa proactivo de promoción de acciones solidarias con la comunidad y un programa de comunicación muy activo tanto tradicional como digital.

En un traslado que realizaron varias amistades, funcionarios de empresas mineras, un taxista que los llevaba al hotel donde se llevarían a cabo reuniones, sin saber quiénes eran, comenzó a hablar muy bien de una compañía que él sabía se encontraba en el estado; que producía oro y que había construido un par de poblados muy hermosos para sus trabajadores y que ayudaba al crecimiento de la región; que su presencia servía para crear más empleos y bien pagados. En pocas palabras que los guerrerenses estaban felices de tener a Minera Media Luna en su tierra.

Mi asombro fue total cuando me platicaron esta experiencia. No podía estar más contento: el taxista estaba orgulloso de la existencia de esta empresa y de su presencia en Guerrero. Al platicarlo con Fred, mi jefe, nos quedó claro que habíamos logrado hacer algo de lo que podíamos sentirnos orgullosos. Pero, si no hubiéramos comunicado de manera asertiva todas las acciones que se realizaban en favor de los pobladores, como el cuidar y aplicar altos estandares de seguridad, el promover cadenas de valor que sumen crecimiento y desarrollo a la región y, por supuesto, tener políticas laborales y hacendarias sanas que beneficien a la industria y economía de México, ese momento tan especial no hubiera sucedido jamás.

Pero, ¿cómo sabía todo eso el taxista? Sencillo: por las continuas campañas informativas que realizábamos en Minera Media Luna, donde no se decía lo que se hacía bien, pero se informaba y se tenían pruebas de las acciones positivas que todos los días son parte del trabajo de la empresa por fortalecer la licencia social.

Por ello, considero e insisto que es vital hoy día ir un paso más delante del storytelling y afianzar el discurso de las empresas en el storydoing. El iniciar una nueva forma de comunicar desde la perspectiva de informar lo que realmente se hace, aquello que no sólo es para platicar, sino también para demostrar apoyándose en una máxima del periodismo: "*Show me, don't tell me*". Así se construye la reputación.

He ahí la clave y la diferencia. Repito: no sólo es romper el silencio, no sólo es estar presente en medios tradicionales, no sólo es tener redes sociales. Aplicando estrategias proactivas en medios tradicionales y digitales, demostrando con historias reales lo que se hace día a día con campañas de comunicación bien fundadas, se podrá fortalecer no sólo una imagen, sino que se formará una reputación positiva en la gente que pueda neutralizar situaciones futuras cuando sea necesario.

Adicionalmente, otro tema esencial es hablarle a la audiencia en su propio lenguaje, con simbolismos e imágenes que entiendan y puedan asimilar a su propia cultura y experiencia. Como podríamos decir, "en su idioma". Un error común es comunicar desde nuestra perspectiva y hacer caso omiso de la necesidad de dialogar desde la perspectiva del lector y la audiencia. De ahí el viejo adagio de "ponerte en los zapatos del otro". Esto, sumado a lo anterior, promete generar acciones de comunicación efectivas que realmente tengan impacto y abonen al desarrollo de proyectos empresariales responsables e incluyentes.

De aquí la importancia de generar un nuevo discurso, una nueva metodología y una nueva perspectiva de la comunicación corporativa en México. Y los detractores lo saben, por ello la importancia de este documento. ๑)

## ALFREDO PHILLIPS

Jefe de Relaciones Institucionales y de Gobierno de ArcelorMittal México, presidente del Clúster Minero de Guerrero y consejero de la Cámara de Comercio de Canadá, de la CANACERO y CAMIMEX. Profesor de Educación Continua de la UIA en materia de Teoría de Negociación.

No es mentira, amigos, lo que les cuento. Ni es mi pretensión engañarlos con una bonita historia... o mala, más bien. Fue en el año 2017 cuando un agente de relaciones públicas me llamó por teléfono para decirme que una empresa mexicana estaba aplicando una tecnología que sólo se veía en los países más desarrollados y que tenía una apuesta en Latinoamérica...

# INTRO
# DUC
# CIÓN

Uriel Naum Ávila
COFUNDADOR DE STALKEO EMPRESARIAL

..."¿Tecnología única?" "¿Interés por la región?" No sonaba mal. Yo en ese momento me desempeñaba como editor de Forbes Latam y la promesa informativa invitaba a explorar más sobre el tema y conocer a fondo a la empresa.

Se me citó a las 2:30 de la tarde de un jueves en una casona de Avenida Reforma, en la Ciudad de México, donde me esperaría el vocero de esa empresa para darme detalles de esos desarrollos "únicos en Latinoamérica".

Apenas llegué, se me condujo a una sala de juntas donde había una mesa larga y lujosa de madera y una pantalla que iba casi de pared a pared. En el lugar donde se me pidió sentarme ya estaban colocados folletos de productos y una carpeta con hojas blancas para apuntar. En los primeros cinco minutos que llevaba en el lugar tuve la impresión de que sería una entrevista muy bien planificada y enfocada desde el área de Comunicación.

Pero después de eso pasaron otros 10, 15, 30 minutos y el vocero no llegaba. Las tres personas del área de Comunicación buscaban hacerme la plática mientras tanto, sin saber que mi presupuesto de tiempo era sólo de 45 minutos —me encontraba en proceso de cierre editorial—. Al minuto 40, de manera inesperada, llegaron pizzas, quesos y ensaladas a la mesa. Se me invitó a comer.

Había pasado hora y media en total, y cuando casi terminaba lo que me habían servido, afuera de la sala escuché gritos contra una de las personas de Relaciones Públicas. Cuando salió alguien del equipo de Comunicación para saber qué pasaba, también le tocaron gritos y groserías. El vocero había llegado.

Se trataba del CEO de la empresa, quien en ese momento, según él, se estaba enterando que tenía una entrevista —la mía—, cuando no estaba preparado para eso ni contaba con el tiempo para realizarla. Entró gritando a la sala amenazando a todos sus colaboradores que "era la última vez que algo como eso sucedía".

Se presentó ante mí, me pidió disculpas por la situación y prendió la pantalla todavía malhumorado. Comenzó a proyectar imágenes sobre la empresa y sus productos. Después del incidente, yo no escuchaba nada de lo que decía. No sólo era incómodo para mí estar ahí, sino que me sorprendió la manera en que un líder puede dirigirse hacia su equipo y el caos de comunicación que tuvo lugar entre ellos. En esa desconcentración de mi parte no capté más que cuando dijo algo como: "y si me estaban acusando ante la justicia fue porque mi competencia bla, bla, bla…". Además de saltarse sus mensajes clave, me estaba dando información con la que yo podía darle un giro a la historia e investigar más a la empresa desde un aspecto no de caso de éxito, sino de conflicto en el sector en el que participaba. Pero el jugador ni siquiera era tan relevante para ello, cosa que supe después de que indagué sobre el caso.

Por supuesto, nunca me quedó claro dónde estaba el valor noticioso de su empresa ni su proyecto. Tampoco iba a publicar nada de una compañía que la autoridad investigaba (según el propio vocero me dijo sin haberle yo preguntado) y menos bajo las condiciones en las que se dio la entrevista. No publiqué nada: había cerrado por entero conmigo cualquier interlocución futura con él y, peor aún, con su empresa.

Esta que les cuento puede calificarse como una situación extrema en el ámbito de la comunicación, pero ¿cuántas pinceladas de lo que no se debe hacer podemos encontrar en esta historia? Muchas, por supuesto. La principal y fundamental es que no había una estrategia de comunicación ni mensaje claro de cómo, cuándo y por qué era oportuno transmitirlo. A Comunicación sólo le importó un KPI para obtener posiblemente un bono o un objetivo de área al conseguir una entrevista con un medio relevante.

Bajo una situación similar de poca comunicación entre áreas, pero con un vocero entrenado ¿habrían sido los mismos resultados? Estoy seguro de que no, aun en un contexto de caos. Un vocero entrenado habría sabido cómo reaccionar ante el medio que esperaba la entrevista, identificar qué movimientos no hacer para que no se descubriera su molestia y nerviosismo, cómo llevar al periodista hacia el mensaje que quería dar, entender dónde estaba el valor informativo, qué no decir y cómo echar mano de sus colaboradores en ese momento para que, lejos de reprimirlos, fueran sus aliados para salir adelante.

Años antes a ese suceso yo venía siendo invitado a participar en media trainings por algunos colegas de Relaciones Públicas de la Ciudad de México, Monterrey y otras ciudades de Centro y Sudamérica para hablar específicamente de cómo conducir una entrevista y hacer ejercicios al respecto con modelos de evaluación que fui desarrollando con el tiempo, pero esta experiencia me dejó claro que se requería profundizar en el tema y que esto es tan importante para las organizaciones como lo son su reputación, su ciberseguridad o su gestión de talento.

Más todavía en un mundo digital donde no puedes hacer como que no respiras para pasar desapercibido, pues hasta quien intenta no hacer 'ruido', o posiblemente por esa precisa razón, puede ser "desnudado" en redes sociales por una crisis mediática. En pocas palabras, en la actualidad hasta el que no quiere salir en la foto, sale en la foto. Lo mejor es estar preparados para que, cuando esto suceda, sea posible responder de una manera efectiva y utilizarlo a nuestro favor.

El tema se vuelve aún más relevante cuando la pandemia por Covid-19 ha venido a establecer un antes y un después en la forma en que las personas se comunican e interactúan. Para los voceros ahora es más fácil conversar de manera virtual con periodistas, la agenda se ha vuelto más flexible, aunque dicha exposición también conlleva nuevos retos, como el generar lazos de confianza, un elemento crucial en términos de reputación.

Es grato compartirles que este libro es el primer esfuerzo colaborativo que STALKEO EMPRESARIAL coordina. El proyecto nació como un podcast de servicio para la comunidad de la Comunicación (periodistas, gerentes de cuenta, directores, etc.), producido y dirigido por José Rodríguez, especialista en temas de crisis. Eva Zamora, quien ha sido colaboradora en diversas empresas globales de Relaciones Públicas, es también cofundadora, al igual que quien firma estas palabras.

Con este horizonte editorial, STALKEO EMPRESARIAL evoluciona hacia nuevas plataformas. El volumen que ha llegado a tus manos reúne a más de una decena de reconocidos expertos de distintos países de Iberoamérica, quienes participan con temas que han sido seleccionados y pensados de manera estratégica para estos nuevos tiempos de la comunicación.

Estamos seguros de que esta obra, que amalgama diversos pensamientos, experiencias y visiones, será de gran ayuda para los voceros y abonará a la generación de mayor valor y relevancia para los medios informativos. ))

"La mejor forma de predecir el futuro, es crearlo"

—Peter F. Drucker

# SÚBETE A LA OLA DIGITAL Y EVITA QUE TE ARRASTRE

**Amaranta Gaona**
DIRECTORA EJECUTIVA DE CONTACTO EN MEDIOS

**Cristina Mendoza**
SENIOR MARKETING & PR MANAGER DE HUGHES

Si algo nos ha dejado claro la pandemia es que el mundo digital llegó para quedarse. Y no sólo eso, sino que de su conocimiento, eficiencia, anticipación y manejo, dependerá en gran medida la permanencia de los negocios en el mediano y largo plazos.

Hace no muchos años un alto ejecutivo nos solicitó elaborar una presentación para su consejo de accionistas, pidiendo justificar por qué ellos no debían estar en internet. Aunque fue un shock inicial, nos dimos a la tarea de realizar una auditoría digital, y los resultados, aunque previsibles, mostraban una fuerte crítica en redes sociales hacia una falta de acciones o de una estrategia sustentable por parte de la compañía.

En realidad, la empresa estaba muy enfocada en comunicar sus actividades a sus inversionistas y audiencias del gremio financiero y corporativo, cosa que hoy sería un grave error al no considerar audiencias más amplias.

Estar o no estar en el mundo digital ya no es una pregunta que podamos hacernos. Ya sea que se trate de grandes corporativos a nivel internacional o de empresas locales, el mundo digital ha permeado en todas las esferas y ámbitos tanto públicos como privados, por lo que la decisión fundamental será qué postura tomaremos al respecto (activa o pasiva) y en qué medida queremos liderar los contenidos generados.

El estado de pandemia, que resultó en el encierro masivo, vino a evidenciar esta necesidad y la nueva realidad en la que 'si no estás en el mundo digital no existes'. La exposición y la importancia de ser activo con estrategias acertadas está marcando la sostenibilidad en el tiempo de las compañías.

En todas las industrias podemos ver ejemplos de transformación digital: desde el retail, los restaurantes, la industria automotriz, o el entretenimiento, hasta la educación, por mencionar algunos sectores. Todo esto sumado al desafío que implica el trabajo remoto y la situación nacional.

El reto, en un país como México donde se estima que al menos una de cada cuatro personas no tiene acceso a internet, conlleva implicaciones aún mayores para cerrar la brecha digital existente. Es un tema coyuntural que implica no sólo el acceso a tecnologías de la información e infraestructura, sino y principalmente un cambio cultural para el que la mayoría no estábamos preparados y al que debemos responder oportunamente.

La crisis sanitaria y económica por el Covid-19, que se desencadenó en 2020, está retando el statu quo de las empresas, cuestionando la vigencia y operatividad de los modelos de negocio que se consideraban exitosos, sólidos o estables. Existe una infinidad de ejemplos en cualquier tipo de industria o empresa cuya rentabilidad estaba probada y se consideraba prácticamente una garantía. Hoy sabemos que ningún éxito, por estable o sólido que parezca, puede permanecer sin un modelo flexible, capaz de adecuarse rápidamente a condiciones cambiantes y a entornos de incertidumbre.

¿Cuáles serán los factores que incidirán en el éxito y la permanencia de las compañías? Aquí apuntaremos algunos que nos parecen relevantes:

1. **Nuevos modelos de trabajo.** A partir de marzo de 2020 hubo una especie de impasse en las empresas, un espacio de mucho silencio y caos. Por un lado, una reconversión por urgencia en los corporativos, pues si bien el home office y los esquemas híbridos estaban en crecimiento, muy pocas empresas estaban preparadas para enviar al 100% de su equipo a trabajar de manera remota por tanto tiempo, y al prolongarse esta coyuntura la situación exigió una rápida reconversión y una necesidad urgente de comunicación interna y externa, aunada a reestructuras y recortes.

2. **Mensajes ante la incertidumbre.** Al interior de las compañías, la zozobra por la pandemia, la adversidad en la salud propia y de las familias, a lo que se sumó al entorno sociopolítico, trajeron consigo un impacto negativo inmediato. La diferenciación entre industrias 'esenciales' y 'no esenciales' comenzó a agravar el desempleo

y con ello la estabilidad emocional de la gente, mermando la productividad y el ánimo. Todo ello empujaba a los líderes y a los voceros a dar mensajes precisos y contundentes para generar confianza y reenfocar a los equipos de trabajo.

3. **Cultura organizacional.** Es comprensible que todos hayamos pasado por situaciones complejas, tanto en lo personal como en lo profesional, y esto en la industria de la comunicación trajo una sobrecarga impresionante de trabajo. Todo mundo estaba necesitado de comunicar de maneras que resultaron novedosas, a través de formatos a los que las generaciones menos jóvenes no estaban habituadas y esto trajo un sinfín de problemáticas, pero también oportunidades para transformarnos y transformar la cultura de las organizaciones.

4. **Calidad de vida.** Otra gran oportunidad fue la posibilidad de incrementar la interacción familiar al disminuir los traslados, lo cual se percibía como una mejoría notable en la calidad de vida. El punto de inflexión fue la improductividad, dado que al no separar el espacio oficina-hogar, se generó una sobresaturación en cuanto a horarios para distintos miembros de la familia, con una eficiencia menor en las actividades.

5. **Cambiando la demografía del país.** Uno de los fenómenos que hemos tenido oportunidad de observar de cerca durante esta pandemia es la expansión de la industria del internet satelital y los operadores móviles virtuales. Durante este año, el sector de las telecomunicaciones ha crecido fuertemente pues muchas personas se han trasladado a sus lugares de origen o a casas de descanso, lo cual transformará de forma importante el desarrollo de nuevos poblados y la reactivación de la economía en zonas rurales, generando una derrama económica que de otra manera hubiera llevado muchos más años y que impacta significativamente la concentración poblacional.

6. **Mercado de oportunidad / Ganadores y perdedores.** Importante considerar que en todas las crisis o épocas de cambios co-

yunturales existen ganadores y perdedores. Como comentamos previamente, gran cantidad de industrias y sectores se han visto sumamente afectados por la crisis sanitaria. Sólo por nombrar los casos más conocidos, podemos hablar de turismo, aviación, hotelería, entretenimiento, restaurantes.

Pero también existen otras áreas cuyo crecimiento se ha exponenciado de manera significativa. Particularmente, el caso del e-commerce en el país. Con un rezago de más de 10 años respecto a otras naciones como Estados Unidos, se estima que el crecimiento ha sido en promedio del 60%, acelerando hasta por cinco años el desarrollo y adopción de este canal.

Una de las compañías que es muestra de este fenómeno es Ecomsur, líder en fullcommerce y omnicanalidad, que reportó un crecimiento del 1,579%. O el caso de Mercado Libre, que ya era el líder de la industria con una amplia trayectoria y reportó un crecimiento del 81% en sus ingresos. En el sector, dos de cada 10 empresas pertenecientes a la Asociación Mexicana de Venta Online (AMVO) registran crecimientos mayores al 300% en 2020.

Sin embargo, vender a través de internet no es un reto menor. Las compañías deben transformar sus procesos, robustecer diversas áreas e integrar especialistas, sobre todo en logística, operaciones y marketing. Y es justo en el área de mercadotecnia donde recae gran parte de la responsabilidad al transformar el funnel de ventas.

Anteriormente, Marketing debía encargarse de generar awareness e interés, mientras que correspondía a Ventas la consideración, intención, evaluación y compra. Sin embargo, bajo este nuevo esquema, la consideración e intención recaen ahora también sobre el área de Marketing.

Pero más allá de funciones o áreas organizacionales, el punto fundamental es comprender qué parte del proceso de compras se realiza ahora de manera digital. Básicamente se consideraba que la mayoría de las personas conocían una empresa, producto o servicio a través de medios digitales (brand awareness) y podían empezar el proceso de compra en línea (interés, consideración, intención y evaluación).

El cambio más representativo es que, ahora, el proceso se ha integrado a este canal digital por lo que absolutamente todas las etapas se realizan de esta manera. Es decir, el reto para todas aquellas empresas de retail, cuyo momento decisivo se centraba en un punto de venta, deberán migrar de forma inmediata a canales digitales y ser capaces de tener una infraestructura no sólo actualizada y completa, sino amigable, sencilla e intuitiva.

Otro reto fundamental para las empresas, además de ofrecer sus productos y servicios en línea, será hacer llegar sus mensajes (publicidad) a un segmento específico en un entorno donde la estructura de los medios ha cambiado por completo.

La venta online y el marketing directo ha transformado la asignación de recursos publicitarios y con ello ha modificado el entorno mediático mundial. De acuerdo con Statista, en 2018 el gasto en publicidad en México ascendió a 4.3 miles de millones de dólares (MMDD), contrayéndose en 2019 y 2020 a 4.11 y 4.15 MMDD, respectivamente.

Adicionalmente, la mezcla marca una reducción progresiva en el gasto de TV que ha beneficiado a la publicidad online.

Pareciera que los ganadores son los pequeños canales, tanto portales como agencias, pero en realidad el 65% del gasto en publicidad digital se concentra en Google y Facebook, esto según cifras del *Digital Economy Report*, realizado por la Conferencia de las Naciones Unidas sobre el Comercio y Desarrollo (UNCTAD).

La evolución del gasto publicitario también ha venido a transformar la industria de los medios y aunque esto está lejos de ser nuevo, se ha exponenciado con la pandemia. Algunos de los principales cambios que podemos identificar son:

1. Consolidación de grandes grupos multimedia (TV, radio, portales y redes). Un caso a resaltar es el de la televisión abierta, la cual se benefició por los planes educativos del gobierno para hacer llegar contenidos a millones de estudiantes.

2. Surgimiento de personalidades digitales desde celebrities hasta influencers.

3. Medios, portales y canales especializados enfocados a nichos de mercado.

4. Decrecimiento o desaparición de algunos medios, principalmente impresos, forzando a las revistas y periódicos sobrevivientes a contar con versiones digitales e impulsando sus canales para llegar a un mayor número de usuarios o diferenciándose para crecer dentro de nichos específicos.

Desde la perspectiva del marketing y la comunicación, la premisa fundamental sigue siendo la misma: de qué manera podemos hacer llegar nuestro mensaje al público objetivo de la forma más atractiva posible, en el momento indicado y de la forma más conveniente para influir en el proceso y decisión de compra.

Por tanto, la selección de los canales digitales adecuados para desarrollar la estrategia de comunicación se vuelve fundamental.

En un entorno donde cualquier persona puede generar contenidos y compartirlos a través de múltiples plataformas disponibles, se vuelve indispensable ser capaces de identificar tendencias a priori, establecer la forma de hacer llegar dichos mensajes y robustecer alianzas con líderes de opinión.

Finalmente, y en resumen, la era digital ha cambiado tanto la forma como el fondo de generar comunicación. Los cambios son notorios, trascendentales y, según nuestros pronósticos, serán permanentes.

Los medios de comunicación no son los únicos generadores y distribuidores de contenido. Las empresas y sus voceros deben mantener una mente abierta y buscar oportunidades que previamente no se hubieran considerado, en caso de querer enviar mensajes a sus audiencias e incidir positivamente en ellas. Así, la premisa fundamental vuelve a ser que lo único constante es el cambio.

Desde nuestra óptica, el tema de estar o no en los medios digitales ya no es una opción. La pregunta ahora es básicamente cuál será tu estrategia digital si es que quieres que tu empresa permanezca en el tiempo.

"Reinventarse o morir", dirían algunos, o simplemente mirar a nuestro alrededor y observar detenidamente cómo las industrias están cambiando. Jamás nos hubiéramos imaginado que un grupo de chicos inconformes con el shorting de los grandes fondos de inversión pondrían en jaque a la bolsa de Nueva York. O que, a través de una plataforma tecnológica, un país derrocaría a su presidente como fue el caso de Egipto; o al revés, cómo la misma plataforma (Twitter) vetaría al jefe de Estado más poderoso de la Tierra por considerarlo un riesgo a la democracia.

Definitivamente, este mundo aún tiene muchas sorpresas y de lo que estamos seguros es que la volatilidad, turbulencia e incertidumbre difícilmente se irán después de la reciente pandemia que vino a mover todo. Por tanto, debemos mantenernos resilientes y entender que el nuevo mundo y la transformación digital llegaron para quedarse. ⁕)

Acerca de las autoras

## AMARANTA GAONA

Es directora ejecutiva de Contacto en Medios, empresa con más de 23 años de experiencia en la industria de las relaciones públicas en México. Cuenta con estudios en Administración y Negocios Internacionales, licenciatura que cursó en la Universidad Panamericana en la Ciudad de México. Posteriormente complementó su experiencia cursando la maestría en Alta Dirección de Empresas en el IPADE. Cuenta con 12 años de experiencia como consultora en comunicación, brindando asesoría a corporativos internacionales, marcas, al gobierno federal y para campañas electorales.

## CRISTINA MENDOZA

Es Senior Marketing & PR Manager de Hughes, la empresa de internet satelital más grande del mundo. Estudió Mercadotecnia en la Universidad Tecnológica de México y posteriormente cursó una maestría en Alta Dirección de Empresas en el IPADE. Cuenta con un programa de intercambio en HEC en Francia y varios cursos en algunas universidades como Harvard, Michigan y Berkeley. En sus 20 años de experiencia ha trabajado principalmente en la industria automotriz, y más recientemente en telecomunicaciones.

"El misterio de la existencia humana radica no sólo en mantenerse con vida, sino en encontrar algo por lo que vivir"

—Fiódor Dostoyevski

# POR QUÉ EL PROPÓSITO DEBE GUIAR TU COMUNICACIÓN

María Fernanda Vivar García
LICENCIADA EN COMUNICACIÓN
Y MEDIOS DIGITALES

Sin duda alguna, la vida es un misterio. Un misterio que nos enfrenta día con día para descubrir ese propósito de nuestras existencias, de lo que hacemos, de una empresa, de lo que comunicamos y más.

Encontrar este propósito en ocasiones suele ser difícil y desgastante, al igual que lograr que sea ese motor que nos motive y emocione, ya sea por necesidad o deseo (que son por las dos razones que las personas nos movemos).

Esto significa que habrá cambios. Los propósitos nos ayudan para emprender o salir de la zona de confort, ya sea para mejorar, transformar, crear, crecer, expandir, y más, tanto en el ámbito profesional como en el personal. Como dice W. Clement Stone: "El propósito es el punto de partida de todo logro". Al igual que él, yo así lo creo.

Tal vez, ya has encontrado tu propósito y estés trabajando sobre él, o tal vez estás por comenzar esta travesía para descubrirlo y definirlo. Eso es lo de menos. Recuerda que los seres humanos estamos en constante cambio y por ello es que cada etapa de nuestras vidas nos estamos cuestionando y replanteando estos propósitos, y cuáles serán los nuevos o viejos proyectos, ideas, deseos y más para llevarlos a cabo.

Pero, ¿te has preguntado la razón de por qué fallamos o abandonamos ese propósito que tanto nos costó trabajo plantear? La cuestión es que cuando nos encontramos en esa planeación estratégica existe un diálogo interno y externo, en el cual hay tres aspectos que se cruzan:

- El lenguaje o las palabras que utilizamos

- Las preguntas que planteamos

- Las afirmaciones, creencias y valores que definen nuestros pensamientos

Por ello, es muy importante que utilicemos de manera correcta nuestras herramientas lingüísticas, las cuales también vamos a emplear para construir positivamente y deconstruir las negativas en la forma en que nos comunicamos.

Te quiero compartir este tip para establecer un propósito desde la comunicación estratégica y con una herramienta de Programación Neurolingüística (PNL). Consiste en que cuando estemos planteando ese propósito cambiemos la pregunta "¿por qué?" a otra mejor: "¿para qué?"

Aquí la razón:

- Cuando utilizamos el "por qué" opera nuestro consciente; es una respuesta inmediata y sin un análisis profundo. Ejemplo: ¿Por qué estás vivo? "Porque mis papás me trajeron al mundo, porque tengo buena salud, porque sí".

- En cambio, cuando utilizamos el "para qué" nuestro inconsciente comienza a operar y buscar respuestas más elaboradas y profundas. Ejemplo: ¿Para qué estás vivo? "Para amar, crecer, compartir, ayudar, para ser una persona..." ¡Tú decides!

¿Has pensado para qué quieres ese propósito? Cuando le des ese significado y respuestas a tus propósitos, te será más fácil y sencillo establecer tus estrategias personales y/o profesionales para tu misión, visión, valores y acciones.

## Y AHORA, ¿CÓMO Y DÓNDE LO COMUNICO?

Comencemos hablando un poco primero sobre la retórica de Aristóteles, quien definió la comunicación como la búsqueda de "todos los medios de persuasión que tenemos a nuestro alcance".

Por supuesto que los primeros en conformar este medio somos nosotros mismos, que todo el tiempo estamos comunicando, aunque no estemos dando un discurso, lo que generalmente asociamos con un orador.

Aristóteles analizó la comunicación de los oradores y el objetivo o propósito que querían lograr a través del mensaje que ellos emiten para llevarlos al propósito. Y, ¿cómo es que lo lograban? A través de la persuasión.

Es decir, que el orador pueda convencer o exhortar al público (audiencia/receptor) acerca de un tema, creencia, idea o acción. En pocas palabras, para Aristóteles la persuasión se produce por el discurso.

Hoy en día prevalecen los oradores, pero con la presencia tecnológica ellos cuentan con medios por los cuales se puede comunicar el propósito, nos referimos a la televisión, la radio, las redes sociales, entre otros. Así también formas auditivas, imágenes, fotografías, videos o textos para poder transmitir mensajes a los distintos tipos de receptores.

Vamos a plantear diferentes casos por los cuales quisieras persuadir a una o varias personas, por ejemplo, sí desearas vender algún servicio, convencer que voten por un candidato, invitar a un evento empresarial, sólo por mencionar algunas situaciones en las que tal vez muchos nos hemos visto inmersos.

Para estos fines debemos preparar un discurso, pitch o guion que conduzca a la audiencia hacia el propósito que queremos lograr. Pero no siempre están bien estructurados nuestros argumentos, y por ende no logramos generar lo que estamos buscando con ese mensaje. Para mejorar, nos podemos basar en los tres pilares de la retórica según Aristóteles, que son:

**Ethos: Credibilidad**

Apela a la fiabilidad y confianza de quien dice algo (marca: personal o de organización) y la relación de a quién se le comunica (clientes o audiencia). Algo similar al primer día de clases cuando conoces a tus profesores y ellos se presentan y cuentan un poco —o tal vez mucho— de quiénes son, qué estudiaron, etc.

¿Cómo? Para ello, podemos utilizar historias de éxito, testimonios, anécdotas personales, títulos, certificaciones y más.

**Pathos: Emociones**

Evoca sentimientos, recuerdos, anhelos y deseos que nos ayudan a generar esa conexión con uno o más receptores. Por ejemplo: Una persona con sobrepeso puede leer estadísticas y consecuencias de estar por arriba de un peso normal. Sin embargo, su perspectiva cambia cuando le cuentas una historia de cómo alguien que bajó de peso mejoró su calidad de vida.

¿Cómo? No siempre revelar datos "duros" logra que las personas accionen o cambien al punto que buscamos lograr. A través de historias (storytelling), anécdotas, analogías, metáforas sobre amor, alegría, tristeza, enojo, logros, etc. Estas pueden ser positivas o negativas.

**Logos: Razones**

Se usan los argumentos lógicos, es decir hechos y evidencias en donde el receptor pueda ser crítico de la información y comprobar de una forma más "tangible" el mensaje. Por ejemplo, cuando queremos comprar un refrigerador y el vendedor nos argumenta las características que tiene y nos da razones por las cuales es la mejor opción de compra.

¿Cómo? Estadísticas, investigaciones, beneficios, números, procesos y más. Construir un mensaje potente fundamentado en reputación (ethos), y en el equilibrio de los sentimientos (pathos) y los datos (logos). También nos ayudará a tener cuidado con la ética en nuestra comunicación y a no caer en mensajes de chantaje o manipulación.

Recuerda que el mejor medio de comunicación para transmitir el mensaje de tu propósito eres tú, o bien hay que encontrar a la persona correcta para ser el orador o vocero de ese propósito.

DEL "TENER" AL "SER"

La pandemia nos ha marcado a todos en nuestra vida diaria, en nuestras relaciones, en el trabajo y más, con un antes y un después del Covid-19.

Hay negocios, empresas, gobiernos y personas que han estado o que están en una lucha constante por sobrevivir ante esta situación, y no solamente en cuestión de una cultura orientada al "tener" (material y consumista), sino que ha sido una lucha cultural orientada al "ser" (creencias, valores, misión, visión, etc.). Esto me hizo recordar aquel ensayo que publicó Erich Fromm sobre "Ser" o "Tener", hablando puntualmente sobre la cultura del ser frente a la del tener. Y por supuesto, la pandemia del Covid-19 ha impactado nuestra comunicación.

En los inicios del siglo xx, los seres humanos experimentamos un estilo de vida dirigido a "tener" (tangible), es decir, las personas poseían el deseo o necesidad de contar con títulos, bienes raíces, abundancia económica y más. Por ejemplo, aquellas empresas que eran propietarias de grandes edificios con imponentes rascacielos; o bien, las personas debían de obtener títulos universitarios, una gran casa, un coche lujoso, una familia, etc. Así que, en esa época la comunicación sólo era una "actividad" que, entre otros objetivos, iba enfocada a generar publicidad para la venta del servicio o producto que acelerara la oferta y demanda del tener.

Hoy ha cambiado nuestro mundo, nuestro estilo de vida y nuestro propósito por el "ser" (intangible), es decir que ahora los deseos o necesidades de las personas se han transformado y nos lleva como personas o instituciones (públicas o privadas) con valores, ética, responsabilidad, marca, identidad y más, al ser.

Por ejemplo, hoy buscamos que las empresas o las personas nos cuenten quiénes son, cuál es su causa, cuál es su historia y más, demostrando el ser empáticas, confiables, responsables, libres, etc. Así que la comunicación, en estos momentos (durante y post pandemia), se transforma en una "estrategia" enfocada para generar confianza, credibilidad, certeza, reputación, relaciones a través de sus mensajes y medios para el logro de los propósitos. La comunicación ya no es una actividad dirigida solamente al "tener", hoy la comunicación involucra en forma central las estrategias dirigidas al "ser".

Es por ello que hoy debemos considerar que, para desarrollar una buena estrategia de comunicación, se debe analizar y replantear desde lo individual hasta lo colectivo a partir de las siguientes preguntas: ¿Quiénes somos? ¿Qué nos hace diferentes? ¿Cuáles son mis valores? ¿Para qué lo hago? ¿Cuál es la percepción de los demás hacia mí? y más preguntas que irán surgiendo con este importante ejercicio de reflexión personal o institucional.

VACUNA: ANTE EL ENTORNO VUCA

"Todos los grandes cambios están procedidos por el caos", señala Deepak Chopra. Pero, ¿Qué es el caos? ¿Qué es el cambio? Son dos palabras que muchas veces cuando se presentan nos generan emociones, generalmente no positivas.

Primero, quiero comenzar por definir esas dos palabras para poder entender más respecto a las emociones que nos generan. Según la RAE el caos es "el comportamiento aparentemente errático e impredecible de algunos sistemas dinámicos deterministas con gran sensibilidad a las condiciones iniciales"; y el cambio "es la acción y efecto de modificar apariencia, condición o comportamiento".

Por supuesto que todo esto nos puede provocar miedo, pero el cambio es inevitable, como dijo Heráclito: "Todo fluye, todo está en movimiento y nada dura eternamente". Todo cambia o se transforma.

El cambio es difícil, nos da temor lo desconocido, pero cuando lo mezclamos con el caos, aún más. Y como lo mencioné al inicio, los propósitos traen cambios y para algunos pueden ser caóticos, aunque a corto, mediano y/o largo plazos traigan beneficios.

Sin duda alguna, esto es lo que originó Covid-19, pero también podría estar sucediendo una situación compleja dentro de nuestra familia, en el sector público o privado en el que nos desarrollamos.

En ocasiones sufrimos esto aún más por la falta de una comunicación puntual por parte de los responsables o voceros de informar a cada ciudadano o colaborador e incluso por no hacerlo dentro de una misma familia.

Es importante tomar en cuenta que vivimos en un entorno volátil, incierto, cambiante y ambiguo, el mundo VUCA. En estos momentos de cambio es vital considerarlo, incluso para alinear ese propósito de la organización con el del entorno y las necesidades nuevas que se generan. El término VUCA proviene de finales de la década de 1980, cuando la Guerra Fría llegaba a su fin y se encontraba entre el bloque Oeste (occidental-capitalista) liderado por los Estados Unidos, y el bloque del Este (oriental-comunista) liderado por la Unión Soviética. Por supuesto que esto dio pie a diversos cambios económicos, sociales y políticos en todo el mundo.

El curioso acrónimo surge en 1987 en el ejército de Estados Unidos para describir la confusa, incomprensible e incierta situación mundial. Su significado se desata así:

- Volatility / Volatilidad: Es inesperado o inestable, pero con cierto conocimiento del tema.

- Uncertainty / Incertidumbre: No se tiene toda la información complementaria, el cambio es una posibilidad, pero no un hecho.

- Complexity / Complejidad: La situación tiene diferentes componentes y variables.

- Ambiguity / Ambigüedad: No se tiene claro cuáles podrían ser la causa y el efecto.

De esta forma lograron delinear el entorno en el cual se encontraban, aplicándolo en el campo estratégico.

Con el paso del tiempo, este modelo se ha ido insertando en diversos sistemas para poder facilitar cualquier proceso emergente. Y me atrevería a decir que todos lo hemos experimentado, no sólo en esta crisis de pandemia, sino también dentro de una organización o en una relación personal, o bien, cuando nos enfrentamos a una enfermedad, entre otros aspectos de nuestra vida y mundo.

¿Por qué nos ha costado tanto trabajo comunicar el propósito ante un entorno VUCA?

Podemos considerar entre algunas de sus causas la falta de confianza, transparencia, empatía, información y conocimiento que pueden experimentarse.

Para esto es muy importante que gestionemos una comunicación estratégica del propósito, implementando pasos o lineamientos tales como:

- Valores: Definir cuáles serán tus principios como institución o persona.

- Anticipación: Plantear diferentes escenarios e hipótesis para saber qué responder, es decir ser más proactivos y llevando la delantera ante el tema.

- Claridad: En las palabras, en las ideas y con las respuestas, ideas y soluciones.

- Unificar: Saber a quién(es) y cuál será el medio correcto para transmitir el mensaje y con ello lograr que todos tengan la misma información.

- Nombrar: Quién será la persona o equipo que gestionará la información y la coordinará.

- Actuar: llevar la estrategia a la acción y evaluar.

Cada persona, gobierno, organización, empresa o grupo social enfrentan diferentes variables y situaciones. La VACUNA es adaptable y flexible ante los cambios permitiendo gestionarlos en un entorno VUCA para detonar el estilo de liderazgo que requiere ese grupo de personas para lograr resultados positivos. Aplicar la vacuna puede generar respuestas idóneas y proactivas ante entornos inciertos, impredecibles, ambiguos y volátiles.

Los propósitos de empresas, gobiernos y personas necesitan establecer una comunicación estratégica para transmitir de manera correcta sus ideas y acciones a realizar. También es importante definir el vehículo para pronunciarse, que puedes ser tú mismo o un vocero capacitado y preparado. Igualmente, debe considerarse si el mensaje se transmitirá a través de un comunicado escrito, una entrevista en televisión, un live por Facebook, o cualquier otra plataforma o herramienta.

Por último, cuando estés compartiendo tu propósito no olvides este otro principio de PNL, que dice: "En el nivel de comunicación que lo transmitas, será el nivel de respuesta que obtendrás". Esto se refiere a que si lo expresas evocando energía, emoción, el tiempo, espacio, palabras y otros factores de manera incorrecta, no se generará la reacción que deseábamos como respuesta. O podría ser peor: que genere una respuesta negativa y perder más. En cambio, si cuidamos todos estos aspectos, pueden ocurrir dos casos hipotéticos:

- Tal vez no obtengamos el resultado deseado, pero sí mantendremos respeto, confianza y credibilidad, es decir que cuidaremos la reputación que ya se ha construido o que se está construyendo.

- O, tal vez sí logremos generar la reacción y acción al propósito, además de fortalecer nuestra reputación. ))

Acerca de la autora

## MARÍA FERNANDA VIVAR GARCÍA

Es licenciada en Comunicación y Medios Digitales, expresidenta de Empresarios Jóvenes de Coparmex Metropolitano, vicepresidenta de comunicación de Empresarios Jóvenes de Coparmex Nacional, consejera del Foro Internacional del Global Youth Leadership Forum en Santander, España. Directora general adjunta de Voz Esmeralda. Vicepresidenta de Familias Unidas Pensando por la Vida A.C., y profesora de cátedra del Tecnológico de Monterrey, Campus Estado de México.

"El elogio más grande que me han realizado jamás, es cuando me preguntaron qué pensaba y se atendió a mi respuesta"

—Henry David Thoreau

# HACIA UNA COMUNICACIÓN HUMANIZADA

Eva Zamora Téllez
COMUNICÓLOGA CON ESPECIALIDAD EN
PERIODISMO Y RELACIONES PÚBLICAS

¿Cuántas veces, en algún momento de nuestra vida escolar, nos hicieron escribir un ensayo para participar en el festival del Día de las Madres o en el tradicional concurso de oratoria? La mayor parte del tiempo creíamos que eso no era para nosotros, que hablar en público no sería precisamente parte de las actividades de nuestra vida profesional.

Por lo tanto, lo único que podíamos pensar es que no queríamos pasar la vergüenza de nuestras vidas frente a los amigos y toda la escuela: "Seguramente se van a burlar de mí". "Ni me van a hacer caso". "Me voy a poner nervioso". "¿Yo, frente a la niña (al niño) que me gusta...?" Sí, eran un cúmulo de pensamientos y emociones los que se hacían presentes, y sólo esperábamos que terminara ese momento incómodo para liberarnos de la tensión. Al menos para la mayoría así solía ser.

Pues bien, algo parecido ocurre cuando se trata de hablar frente a otra persona totalmente desconocida, que lleva consigo una cámara o grabadora y que, por si fuera poco, tenemos que hablarle de negocios o temas técnicos y, para tal efecto, debemos cuidar las formas, el tono, la postura, recordar mensajes clave, no abrir la boca de más, ser precisos pero tampoco parecer de pocas palabras o hablar de todo y nada; muy importante es no olvidar ser nosotros, actuar con naturalidad, pero al mismo tiempo representar a la empresa (y la lista sigue). Todo esto para evitar que nuestra reunión se convierta en un tiempo dedicado al *bullshit*.

Y es aquí donde eso que pensaste que jamás, o casi nunca, ibas a ocupar en tu vida (algo así como la química o la física), actualmente forma parte de tus actividades profesionales y puede hacerte brillar y obtener los preciados cinco minutos de fama, o llevarte a una crisis, que en cuestión de segundos puede acabar con tu reputación.

Para que nuestra entrevista tenga un resultado favorable, el equipo de comunicación o la agencia de Relaciones Públicas de tu empresa, te proporciona diversos materiales de apoyo. Entre ellos se encuentra un documento conocido como *Media brief*, cuyo objetivo es darte la mayor información posible acerca del medio y del periodista con el que tendrás la conversación.

En este documento, casi casi hecho como si el publirrelacionista fuera un investigador del FBI, la CIA o del CISEN, podrás encontrar una descripción del periodista, los links de las notas que ha escrito con el objetivo de que sepas qué tipo de tratamiento da a cada a uno de sus textos, entre otros detalles, dando pauta para que te prepares para brillar, evitando la improvisación y que seas tú quien controle la situación.

Desde ahora te estoy anticipando "spoilers" de lo que viene en los capítulos posteriores, pero es importante mencionarlo desde ahora ya que la realidad es que ése expediente o Media brief no se revisa con atención, y es justo ahí cuando comienza "la crónica de una muerte anunciada".

Y es que sucede que la mayoría de las veces creemos saber de qué vamos a hablar y cómo lo vamos a decir y a quién. Pero, ¡oh, sorpresa!: en la mayoría de las ocasiones la realidad supera a la expectativa y lo que se dice no era para lo que precisamente se había pactado la entrevista. Incluso, el momento puede volverse tan tenso que te bloqueas porque no era el tipo de persona con quien pensabas que ibas a tener una charla amena, ya sea porque te preguntó cosas que no te esperabas o porque la situación tomó otro rumbo.

Regresando a mi punto inicial, y uniéndolo a esto que les cuento, les decía que muchas veces este tipo de encuentros con personas que no conocemos y a las que les vamos a hablar, nos puede causar la misma sensación que cuando exponías o estabas en el concurso de oratoria. Para ello, pocas veces si no es que nunca, se nos daba la oportunidad de conectar previamente con el otro, o dicho de otra forma, no existía la oportunidad de una "cita a ciegas" para conocernos mejor, para anticiparles que estábamos nerviosos y que nuestra forma de ser no es precisamente nuestro *mood* habitual.

Pues bien, en las entrevistas sucede lo mismo: el vocero tiene sólo un momento y espacio para convencer; si no conecta, si no empatiza con el otro, el discurso se vuelve un "bla-bla-bla" para quien lo intenta escuchar, y la segunda cita nunca ocurre y queda como uno de los momentos más aburridos de nuestras vidas.

Con la llegada de la pandemia, nuestras relaciones se han visto obligadas a cambiar en la forma de interactuar. Ahora la mayoría de nuestras reuniones son tras una pantalla. Sustituimos las llamadas por un mensaje, un audio de WhatsApp. Me atrevería a decir que es hasta normal que las personas conecten menos y esto sucede, evidentemente, porque vamos contra reloj, las citas son cada vez más una seguida de otra, y porque también hay más distractores (los hijos, los trabajos escolares, los quehaceres de la casa, etc.) y es casi nula la oportunidad para crear una real primera impresión, esa que ocurre al vernos físicamente y que te hace recordar a la persona con comentarios como: "pensé que era más alto", "se ve muy joven", "su presencia impone".

¿Qué nos hace pensar que con decir un "hola" a través de una pantalla vamos a conectar de inmediato con el otro, o que alguien no va a interpretar mal un mensaje? Sin duda es latente el riesgo de no tener una comunicación fluida, en donde haya empatía y conexión.

Pero, ¿cómo se hace "click" en una conversación digital cuando ahora estamos más pendientes de la iluminación, el ruido, la calidad del audio o del fondo de pantalla, que los niños no griten o el perro no ladre? En relación al periodista, ¿cómo empatizar cuando entre sus actividades diarias está cubrir dos o más fuentes, enviar las notas a la redacción para salir a tiempo con la revista o periódico a la par de alimentar diariamente el sitio, asistir a conferencias virtuales, entrevistar, contestar llamadas, mantener limpia la bandeja de entrada de su correo electrónico, la familia?

Pienso que es como volver a tomar clases de oratoria: uno tiene que conectar en los primeros 20 segundos, algo muy parecido a lo que se hace en el *Elevator pitch*.

¿Y qué es un Elevator pitch? Este es un anglicismo que se utiliza sobre todo en temas relacionados al emprendimiento, y se refiere al primer punto de contacto entre un entrepreneur (un emprendedor) con potenciales inversionistas, en donde el primer actor debe dejar claros los objetivos de su proyecto, el porqué, el para qué y qué es lo que necesita para hacerlo. El término toma este nombre porque hace referencia a los segundos que le toma ascender a un elevador de un piso a otro.

> "Si no tienes empatía y relaciones personales efectivas, no importa lo inteligente que seas, no vas a llegar muy lejos"
>
> —Daniel Goleman

En el caso de las entrevistas sucede exactamente lo mismo que en un Elevator pitch. De hecho, este momento se presenta desde que el publirrelacionista hace contacto con el periodista para ofrecerle una plática contigo; desde ahí, el proceso se repite una vez que tú estás frente a él. Si tu ejecutivo de comunicación logró concretar una conversación con un periodista, pero tú no aportas datos, hechos, ejemplos y sobre todo no te muestras cooperativo en la conversación, no obtendrás notoriedad y relevancia en ningún medio.

Durante mi experiencia en la gestión de entrevistas, he comprobado que hoy no basta con ofrecer una charla con el CEO de la startup o "con la promesa del año"; si no ofreces valor, si no hay algo que aporte a los lectores, tu entrevista no tendrá eco en las plataformas de los medios de comunicación y, entre otras cosas, no será por una mala negociación de parte de la agencia o área de Relaciones Públicas (RRPP), sino porque no hubo buena información ni química.

Una comunicación efectiva no se sustenta en el "yo-yo", sino en cómo "yo", con mi experiencia, capacidades, recursos y equipo, logramos hacer cambios en la vida de las personas y en el mundo.

Y aquí quiero hacer otra precisión: empatizar, conectar con un profesional de los medios de comunicación, no tiene nada que ver con deslumbrar al entrevistador o convertir la plática en una conferencia de prensa. Si van a conversar, muéstrate amable, concéntrate en la entrevista, intenta ser preciso, pero también dispuesto y abierto a recibir cualquier pregunta, no importando que sea algo que no te compete o desconozcas.

Para ello, el apoyo en tu equipo de comunicación es fundamental, éste también estará presente en ese momento para escuchar lo que se dice, al mismo tiempo que puede intervenir de manera amble en el caso de que no te sientas cómodo de responder. De esa forma la interacción sigue siendo amena y bajo la tónica en la que tú, como embajador de la marca, desees que se desarrolle.

Abro un paréntesis, pues es de suma importancia repasar el Media brief con tus ejecutivos de comunicación. Te puedo asegurar que no es suficiente con leer el documento; siempre será un buen ejercicio darte un tiempo breve para revisarlo con tu equipo de RRPP, pues ellos en algunos casos podrán ampliarte el panorama sobre cómo se comporta el reportero durante las entrevistas, incluso contarte si llega (o se conecta) a la reunión a tiempo, si se distrae con facilidad o si hace las entrevistas rápidas, entre otros datos que son de utilidad.

Si lo trasladamos a una analogía, yo les digo a mis voceros que las relaciones públicas son como el binomio cuadrado perfecto. La primer variable, en este caso el entrevistado, cuenta historias mientras que la variable b, el reportero, suma a ese mensaje más cuestionamientos de tal forma que obtenga más información relevante que finalmente se potencia a través de los diferentes vehículos de comunicación. Por supuesto, para que esto suceda, se necesita resolver la primera operación separada por paréntesis, los cuales asemejan el rapport (palabra de origen francés, que en esencia significa 'crear una relación'). Es decir, sin este no hay un resultado favorable, pues la conversación puede terminarse en cualquier momento y su publicación, en el peor de los casos, no verá la luz ni siquiera en el mundo digital.

En el año 2016, el portal argentino *El Cronista*, entrevistó a Iván Pino, director de Comunicación Digital de Llorente & Cuenca de España y Portugal, y desde ese momento, a cuatro años de detonarse una de las pandemias más devastadoras del mundo, el Covid-19, el ejecutivo opinaba que ya no era suficiente con establecer una comunicación unidireccional y masiva para conectar con nuestros stakeholders o grupos de interés.

Iván Pino decía: "Hay que implementar una transformación digital de la comunicación... Es necesario un cambio importante de las herramientas, técnicas y conceptos para llegar a nuestros públicos en la era digital. Las herramientas que venimos usando las empresas para comunicarnos ya no son eficaces".

Y este presagio sigue siendo tan vigente como en ese momento, pues la evolución de las redes sociales y el desarrollo de múltiples plataformas de mensajería han hecho que la comunicación se vea cada vez más compleja al mismo tiempo que limitada para los periodistas (más correos y más mensajes en LinkedIn y WhatsApp pueden ser considerados como hostigamiento y falta de profesionalismo de parte de los publirrelacionistas).

Actualmente vivimos saturados de mensajes a cualquier hora del día, los siete días de la semana, los 365 días del año. Con esto quiero destacar que la jornada laboral de un periodista no es sencilla, y hablo de ellos no demeritando ninguna otra profesión, es sólo que el tema que nos atañe en este libro nos lleva a hablar de la relación que, como embajadores de marca, tenemos con los reporteros y a su vez cómo podemos hacer que sea relevante y más humana con el paso del tiempo.

"Piensa como un hombre sabio, pero comunícate en el lenguaje de la gente"
—William Butler Yeats

Sin lugar a dudas, la pandemia ha traído consigo desafíos importantes para el sector de la comunicación: teletrabajo por más de ocho horas, despidos en las editoriales, redacciones con pocos colaboradores.

Aunado a ello, la publicidad también ha venido sufriendo una transformación, pues al existir múltiples vehículos (medios) y plataformas sociales, e incluso la creación de portales propios por parte de las empresas, esta no tiene el mismo valor monetario que hace 10 años, por ejemplo.

Es aquí donde hacen acto de presencia el contenido y el contexto (considerados 'el rey' y 'la reina', respectivamente), quienes de la mano de la creatividad y la ética también son elementos que determinan el valor de los mismos... y no olvidemos a los influencers en esta ecuación. Pero repito: esa es otra historia que más adelante te contaremos.

Todo este antecedente es para ponerte en perspectiva sobre los grandes desafíos que enfrentan las agencias de comunicación y los voceros. No estoy diciendo con ello que los medios vayan a desaparecer o que las entrevistas dejen de practicarse, por el contrario, el propósito de este libro es coadyuvar tanto a empresas y agencias de comunicación a crear conexiones significativas, en donde impere la calidad más que la cantidad y se encuentre un balance entre los Objetivos Orientados a Resultados (OKR, u Objetive Key Results, por sus siglas en inglés) y los KPIs (Key Performance Indicators), es decir, la medición del progreso de un objetivo.

Humanizar la comunicación entre empresas y periodistas implica no sólo tener el tacto para encontrar el momento apropiado para pactar una entrevista, también implica el hecho, insisto, de entender el contexto y las nuevas reglas entre empresas e industria.

Por supuesto que las relaciones públicas basan su éxito en el desarrollo de relaciones a largo plazo y de manera orgánica, es decir, sin costo, pero es real que ante los nuevos desafíos que se viven en el sector, se debe empezar a considerar la creación de estrategias en las que las empresas estén dispuestas a destinar una parte del presupuesto para dar pie a alianzas que permitan crear contenidos relevantes, diferentes y exclusivos, cargados de alto impacto para la sociedad; o dicho en otras palabras, que empaticen con las audiencias.

En relación con este punto, el directivo de Llorente & Cuenca estimaba en su entrevista que eran tres los cambios que había que lograr para humanizar la comunicación:

- Transformar los formatos y las plataformas.

- Eficientar los procesos de contenidos para superar el reto de la saturación de los canales de comunicación, y

- Trabajar en la humanización y personalización de la comunicación.

Iván Pino valoraba que "las redes sociales empoderaron a los individuos, y para llegar a las personas hay que hacerlo a través del empoderamiento de las personas de la comunicación. No se trata de un medio de difusión masivo, sino de interrelación masiva. Hay que convertir a empleados y aliados de las marcas en embajadores, empoderarlos con organización y coordinación".

Adicionalmente, puntualizaba el auge de lo que hoy conocemos como Branded y Unbranded content (contenido de marca y contenido relacionado a la industria), pues no todo se trata de nosotros o de ti, sino de lo que tú y el resto de colaboradores hacen para resolver las tensiones sociales. Este punto también será analizado con más detalle en otro momento.

Es cierto que los consultores de comunicación corporativa y relaciones públicas tenemos este reto por delante. No se trata de grandes corporativos o emprendedores, startups o productos disruptivos, todos debemos comprender que los contenidos no siempre existirán en función al interés de la compañía, por el contrario, estos deben resolver una necesidad en las personas y en consecuencia informar cómo la marca o servicio contribuyen a ello.

De ahí que los periodistas encontrarán valor en la conversación y en consecuencia no habrá cabida para el *bullshit*, por el contrario, se abrirá una puerta con miles de caminos para contar una historia desde diferentes ángulos, es decir, se estrechan relaciones y el propósito del área de Relaciones Públicas se verá cumplido: una relación humana y sólida, basada en la credibilidad y encaminada a construir reputación.

Si ya llegaste a este punto, puedo decirte con total seguridad que tu compromiso por generar un cambio real en el mundo de la vocería es latente. Si bien este libro no contiene la verdad absoluta, sí está repleto de anécdotas y experiencias de diferentes profesionales en la rama de la comunicación, el periodismo, creación de contenidos, reputación y contención de crisis, propósito, y redes sociales, entre otros aspectos que te permitirán entender de forma más amable y "humana" la dinámica entre empresas, medios de comunicación y periodistas. ⋅)

Acerca de la autora

# EVA ZAMORA TÉLLEZ

Es comunicóloga con especialidad en periodismo y relaciones públicas. Ha colaborado tanto en medios de comunicación como en agencias en el área de comunicación, creatividad y marketing. Cuenta con 16 años de experiencia en relaciones públicas y comunicación corporativa en industrias como telecom, negocios, banca, tecnología, manufactura, startups y estilo de vida. Actualmente se desempeña como consultora de comunicación corporativa y RRPP, es directora global de Comunicaciones en WHY Transformation y coadyuva a las empresas a divulgar su propósito. Es cofundadora del podcast Stalkeo Empresarial.

"Antes de empezar a hablar, procura que en tu rostro pueda leerse lo que vas a decir"

—Marco Aurelio

# CONOCE, ANIMA Y GENERA SENTIMIENTOS EN TUS AUDIENCIAS

Thony Da Silva Romero
SOCIO DIRECTOR DE LA FIRMA PIZZOLANTE

Vivimos tiempos complejos en los que la exigencia por una mayor transparencia sobreexpone a nuestras organizaciones al demandarles, cada vez más, mecanismos que trasciendan al ámbito publicitario y profundicen la comunicación institucional protagonizada por el liderazgo organizacional. Nuestras audiencias quieren conocernos más y mejor, ya no sólo buscan saber lo que hacemos, sino cómo, por qué y con quiénes lo hacemos.

Es así que toda organización tiene la imperiosa necesidad de conectarse, cada vez más, con sus distintos grupos de interés o stakeholders, y si bien la mayoría de las organizaciones se asegura de contar con múltiples canales y medios para hacerlo, siempre requerirá de las personas que forman parte de ella para que la representen ante estos, bien sea ante una instancia gubernamental, una comunidad vecina o la opinión pública.

Los voceros generalmente son asociados con la responsabilidad de representar a una organización frente a los medios de comunicación social, pero esto es sólo una fracción de su labor. La vocería se ejerce institucionalmente todos los días ante decenas de audiencias, siendo este el trabajo que va moldeando la percepción interna y externa de cada organización.

La vocería es, a su vez, una herramienta clave para el liderazgo organizacional. Es ésa que supone inspirar, incluir e involucrar a todos los miembros de una organización para movilizarlos de forma alineada al desarrollo y obtención de los resultados que se esperan de ella.

El ejercicio de la vocería resulta, entonces, algo muy diferente a la sola idea de contar con una persona para que transmita ciertos mensajes en una ocasión determinada; la vocería es en sí misma una estrategia de cara a construir conocimiento, animar sentimientos y moldear percepciones en nuestros públicos clave.

La vocería es también esa forma en la que una organización comparte su pensar y sentir con el fin de movilizar a otros a seguirle, y la practican desde su CEO hasta el community manager de la empresa.

## CAPACIDAD DE REPRESENTAR A OTROS

La vocería considera posiciones, mensajes e intenciones de sus representados con el objetivo ético y transparente de movilizar a una audiencia en la dirección de un objetivo claro y previamente definido, en función del mejor interés para ambas partes.

Sin embargo, en mi práctica profesional a lo largo de los últimos 25 años, ha sido reiterativo encontrar a organizaciones que improvisan esta función, generalmente marcada por la indefinición de los actores, la falta de capacitación, pero sobre todo por carencias en la estrategia. Es frecuente encontrar entes que le asignan a este ámbito un carácter más "táctico-eventual" que "estratégico", cuando en realidad en tiempos como estos el rol estratégico de la función es superlativo.

Ahora que las estrategias deben incluir la comunicación como prioridad, la actuación de los voceros resulta crítica. Cada empleado o colaborador es un exponente de la empresa. Pero, así como dependemos para ello de los voceros oficiales, también estamos expuestos a quienes ejercen la vocería informal ante sus anillos directos de influencia. Ésta es llevada a cabo por cada individuo perteneciente a una organización, y también debe ser objeto de una adecuada estrategia de alineación, y mínima sensibilización y formación. Por esta razón resulta un despropósito no contemplar en la estrategia general el dotar a nuestros colaboradores de un nivel de información alineado a nuestros intereses, asegurando así que contribuyan de manera efectiva a la construcción de esa imagen consistente y coherente que toda organización requiere.

## EL VOCERO ESTRATEGA

Cuando nos referimos a los voceros en su rol oficial, debemos comprender que estamos hablando de uno o más individuos que, más allá de sus habilidades innatas, deben ser considerados parte de un proceso de formación y aprendizaje que les permita gestionar su narrativa ante diversas situaciones y escenarios, sean estos favorables o desfavorables. El vocero es un estratega que trabaja "en tiempo real", construye percepciones en el imaginario de su audiencia con el fin de motivarla a tomar decisiones de acción que resultan críticas o necesarias para que la organización logre sus objetivos. Por lo tanto, la selección de quienes ejercen este rol no es una tarea menor.

Es frecuente encontrarse con organizaciones que decretan en su más alta investidura el ejercicio exclusivo de la vocería, reservada entonces para casos extraordinarios o de muy "alto nivel", dejando indefensa a la organización ante otros eventos que ameritan de un tratamiento comunicacional adecuado y que responda a su propia cotidianidad, aquella que construye de forma permanente y que se traduce en todo aquello que la gente termina por opinar o repetir sobre ella.

Sin embargo, más allá de un "vocero", hoy se requiere de un cuerpo de vocería conformado por un grupo de individuos seleccionados a partir de variadas características, dando cobertura a diferentes necesidades comunicacionales —debido a los diversos grupos de interés que atenderán—, de forma tal que la organización pueda hacer frente a las exigencias que provienen desde distintos planos, cada vez más amplios y complejos.

Los voceros son entonces objeto de preparación en múltiples dimensiones. Por una parte, se debe reconocer su rol en la estrategia comunicacional: deben creer, vivir y convencerse de la narrativa de su organización. Y, por supuesto, deben integrar estos tres elementos a la habilidad de hacer frente a un sinnúmero de escenarios, situaciones o audiencias, con el fin de ser altamente efectivos.

PREPARACIÓN: UNA VARIABLE CLAVE

Todo vocero debería estar adecuadamente formado y preparado con la rigurosidad necesaria para afianzar sus capacidades estratégicas (verbales y no verbales) que lo conduzcan hacia el mejor desempeño posible, frente a cualquier audiencia y ante cualquier oportunidad de exposición pública. Sin embargo, en la mayoría de los casos las organizaciones adolecen del cumplimiento de esta premisa.

Contar con un recurso efectivo supone la necesaria inversión en capacitación formal, sostenida en el tiempo de forma profesional y personalizada. Tal esfuerzo trasciende a la realización de eventos puntuales o esporádicos que se resumen en "talleres de ocho horas" una vez al año (si acaso). Si bien este tipo de actividades tienen su valor, no resultan necesariamente suficientes para asegurar que los portadores de tal responsabilidad alcancen un nivel de desempeño óptimo.

La capacitación en este ámbito es frecuentemente subestimada, tal vez porque se considera que ejercer la función de vocero es una tarea relativamente simple. Sin embargo, desarrollar la vocería de alto desempeño no es muy distinto a intentar practicar un deporte equivalente a ese nivel.

Seguramente te ha ocurrido: te sientas una noche frente al televisor, lo enciendes y seleccionas tu canal de deportes favorito donde profesionales practican con gran dominio lo que a ti más te gusta (esquí, surf, tenis, golf, etc.). Lo hacen ver tan sencillo, ¿no?, se ve tan natural que no falta quien dice: "Yo también podría hacer eso", hasta que uno se pone los esquís y trata de bajar la montaña, o se monta en la tabla de surf para tomar las olas. Si no tienes técnica y experiencia proveniente de la práctica, lo más probable es que termines bajando la montaña a pie o tragando mucha agua de mar.

Un buen vocero es el resultado de un proceso continuo de formación profesional y apoyo permanente que, con el tiempo, le permite adquirir las capacidades, destrezas y experiencia necesarias. Ello, simultáneo al constante proceso de internalización de la narrativa cambiante y evolutiva de su organización, le permitirá trabajar sobre los *issues* emergentes e ir moldeando con su trabajo la interrelación de aquella con el entorno, bien sea este comercial o institucional.

Para todo vocero que se tome muy en serio su rol, porque reconoce su relevancia hoy cuando la estrategia debe ser comunicar más y mejor, el hecho de prepararse adecuadamente y con tiempo para cada evento público resulta clave, y hace de ello un ritual.

Hace ya varios años pude constatarlo en la disciplina que aplicaban los voceros de industrias tan controvertidas como las tabacaleras —ya luego de haber asumido el discurso público de las consecuencias que tiene el tabaco para la salud—. Ellos dedicaban horas a la semana para construir sus mensajes y someterse a diversos simulacros de interpelación con el fin de no sólo manejar su discurso de forma impecable, sino de estar atentos a las variadas intenciones de sus contrapartes.

Todo depende del grado de conciencia de quienes asumen el importante rol de ser la voz de una marca o institución, pues cuando se asume en serio se le dedica tiempo. En la década del 2000 tuve la oportunidad de trabajar con un muy alto ejecutivo, presidente de una de las más importantes empresas de México, quien ante eventos de gran relevancia solía tomarse al menos una semana para prepararse.

Este CEO intercalaba en su apretada agenda una serie de espacios para dedicarlos a definir la estructura de su narrativa, planificar su aproximación a la audiencia y pulir su capacidad de entrega (delivery). Para ese entonces yo vivía en Venezuela, y solía ser frecuente la llamada de "¿Podrías estar aquí mañana y por unos días?", la respuesta era siempre positiva.

Independientemente de cómo tuviera yo que reajustar mi agenda, más allá de tratarse de un importante cliente disfrutaba enormemente trabajar con alguien que reconocía la importancia de no dejar nada al azar cuando se trataba de representar a su empresa en los más importantes círculos empresariales y políticos de su país, al margen de considerarse un vocero experimentado (que lo era).

En fin, todo vocero debe asimilar algunos principios básicos de su actividad. Para iniciar, debe tener claro que su rol supone construir realidades en la mente de su audiencia, aquellas que, una vez creadas, le ayudarán a lograr su objetivo. Para ello, debe considerar algunos principios básicos:

**1.** Todo acto comunicacional es, en sí mismo, un intercambio de poder. Por ello, todo vocero debe concientizar la cuota de poder que posee para enfrentar a su contraparte.

Imagina que eres un gerente que funge como vocero oficial de tu empresa ante una instancia gubernamental, muy respetuosamente consideras que tu contraparte posee una "cuota de poder" superior a la tuya. Muy probablemente, sin darte cuenta, asumirás una postura de sumisión, y lo manifestarás de forma inadvertida a partir de ciertas microseñales y comunicación no verbal, cosa que tu audiencia captará con facilidad.

Sin embargo, si al contrario consideras que tu cuota de poder es superior a la de tu contraparte, muy probablemente te verás tentado, cuando la situación no vaya por el camino que deseas, a forzarla aplicando el peso de ese poder autopercibido, haciéndolo cometer excesos que seguramente terminarán por generarle costosas consecuencias.

En más de una oportunidad me ha tocado presenciar y participar de reuniones con jefes de Estado. Más allá de los protocolos de rigor, son de esas situaciones en las que se puede observar con claridad cómo ocurren esas relaciones de poder entre los interlocutores, desde la forma en que se estrechan las manos, la postura corporal, hasta esas microseñales que inmediatamente dan a entender, a una y otra parte, en qué estado se encuentra el balance de poder en el salón.

El poder es una percepción y, por tanto, es tarea del vocero mantener un sano equilibrio entre él y su audiencia. Asegúrate de siempre calibrar adecuadamente tu cuota de poder.

**2.** La efectiva transmisión del discurso o la narrativa de su organización, así como los mensajes clave que encierra, es la acción que hará viable el logro de los objetivos que el vocero se propone. Por ello es fundamental que, en la medida de lo posible, el portavoz participe en la construcción de dicha narrativa o logre internalizarla profundamente.

El vocero debe estar consciente de su estructura y de la interrelación que hay entre las diversas líneas narrativas que, sobre diferentes temas o *issues*, pueda tener su organización, pues la incapacidad de realizar esas interconexiones entre modelos narrativos suele ser una falla común durante el discurso de altos ejecutivos. No se trata de entregar "guiones de mensajes" para repetir al pie de la letra, se trata de entender la intención y el espíritu de lo que se quiere comunicar, y así ser capaces de insertarlos en buenas historias que contar.

Ahora bien, toda narrativa y sus mensajes deben estar siempre fundamentados en la verdad, aquella que se basa en hechos verificables que otorgan la credibilidad necesaria para generar el impacto positivo que se busca.

Un buen portavoz nunca miente, no sólo porque resulta éticamente reprochable, sino porque coloca en riesgo la reputación de su organización y, por igual, su reputación personal.

Así mismo, toda narrativa, para que sea efectiva, debe contener una buena combinación de:

- Fundamentos lógicos (hechos, data)
- Fundamentos emocionales (ejemplos, anécdotas, experiencias personales)
- Endoso de terceros (personajes de influencia)
- Lenguaje memorable (frases fácilmente recordables)
- Saber qué motiva a la audiencia (sus intereses)

Este último punto nos lleva a otra clave fundamental que siempre se debe procurar conocer en la mayor extensión y detalle posibles: los públicos de interés. Conocer su composición, creencias, motivaciones y conocimiento sobre el tema que nos es propio, así como las posiciones o sentimientos que puedan tener con relación a nosotros, resulta un factor clave de éxito, bien sea con un periodista, una comunidad o un auditorio en medio de una conferencia.

Preocúpate siempre por tratar de levantar anticipadamente "información de inteligencia" que te dé luces sobre cómo abordar a tu audiencia.

**3.** Todo buen vocero debe construir las capacidades necesarias para ser muy efectivo en la entrega (delivery) de sus mensajes, para ello debe abocarse a pulir habilidades que en sí mismas incrementen el valor de su desempeño "en el escenario" y potencien su mensaje.

Para esto, debe conocer y manejar las técnicas que le permitan conectar adecuadamente con la audiencia, impactar sus emociones, estimular sus razones y ser capaz de imprimirle a su discurso la seguridad y la energía necesarias para lograr su objetivo.

La comunicación no verbal, que incluye elementos como la postura, expresiones faciales, contacto visual, gestualidad, kinestesia, paralenguaje, háptica y proxemia, es relevante, y aunque al inicio poner atención en todos los detalles que llevan consigo puede resultar un tanto abrumador, la práctica constante y adecuadamente dirigida ayudará a manejarlas con naturalidad, pues un tema fundamental en el ejercicio de la vocería es que, por mucha técnica que implementes, ésta no debe hacerte perder tu esencia como persona. La vocería es el resultado de una combinación de ciencia y arte al comunicar.

**4.** Todo vocero afrontará momentos de resistencia, y cuando vengan será necesario abordarlos con la actitud apropiada para salir airosos de ellos. En estos casos, debemos presentarnos con una actitud dispuesta a descubrir y comprender las posiciones de nuestra contraparte, esto nos ayudará a ampliar el margen de maniobra para ser capaces de dominar la situación favorablemente, acercarnos con mayor probabilidad de éxito a nuestro objetivo, y generar un espacio donde, siendo nosotros los conductores del proceso, podamos crear un intercambio cuyo resultado sean conclusiones "co-creadas" entre ambas partes.

Hace años, junto a un buen amigo y colega, incorporamos a las capacitaciones de vocería una metáfora simple pero muy poderosa. Inspirados en el libro *The Magic of Conflict*, de Thomas Crum, comenzamos a trabajar con el aikido, un arte marcial desarrollado por Morihei Ueshiba aproximadamente entre la década de 1930 y la década de 1960.

Este modelo, según Crum, fundamentalmente concebido para procesos de negociación, lo adaptamos y aplicamos al ámbito comunicacional (pues después de todo, cualquier intercambio comunicacional es también una negociación) y los resultados han sido extraordinarios. El método consiste en seis pasos que se resumen en:

1) Centro (balance y autocontrol)

2) Conexión

3) Descubrimiento

4) Comprensión

5) Cambio, y

6) Cocreación

Cada uno de estos pasos acerca al vocero a un desempeño óptimo, pues crea una plataforma ideal para la colocación de su narrativa y lo prepara para manejar situaciones adversas, como aquellas que supone el ejercicio de la vocería ante escenarios de crisis o de contingencias. )))

Acerca del autor

# THONY DA SILVA ROMERO

Thony Da Silva Romero es consultor internacional en estrategia y comunicación empresarial. Socio director de la firma internacional Pizzolante. Comunicador Social egresado de la Universidad Católica Andrés Bello (VZLA), con estudios de especialización gerencial en el IESA, Sostenibilidad en Harvard Business School y estudios de Maestría en Comunicación Política y Gobernanza Estratégica en la George Washington University. Conferencista, articulista en diversos medios y profesor invitado en diversas universidades y escuelas de negocio de América Latina, ha sido galardonado en múltiples oportunidades con los Stevie Awards (IBA), Gold Quill Awards (IABC) y el New York Festival. Autor del blog www.pensarenvozalta.com y el podcast del mismo nombre.

"La gente raramente convierte su vida en un éxito
a menos que se divierta con lo que hace"

—Dale Carnegie

# CÓMO SACARLE EL MAYOR PROVECHO
## A TU MARCA PERSONAL

Rubén Martín Rubio
EMPRESARIO

En la actualidad vivimos en la era del conocimiento, y el mundo digital nos abre un mundo de nuevas oportunidades laborales por descubrir y aprovechar, tantas que muchas veces nos resultan inabarcables. Por esta razón, necesitamos ir más allá de los conocimientos teóricos y prácticos o de contar con una amplia experiencia profesional detallada para destacar en un mundo donde todos somos muy parecidos. Es en este punto donde aparece la Marca Personal.

¿QUÉ ES MARCA PERSONAL?

La podemos definir como la impresión o la huella que dejas en las demás personas. También, se entiende como el proceso continuo de establecer una imagen acerca de ti, previamente definida, en la mente de un grupo de personas. Siempre en coherencia con nosotros mismos. Siempre con autenticidad. La Marca Personal tiene que generar confianza y ser confiable, lo que va a dar por resultado tranquilidad y referencias positivas de otras personas hacia ti.

Está compuesta por tus habilidades únicas, tu personalidad y conocimientos, así como del descubrimiento de tu interior para competir por ser la opción preferida ante otras personas en busca de la misma oportunidad.

La Marca Personal es tu activo más valioso, una de las principales áreas estratégicas a la hora de impulsar tu carrera profesional puesto que te ayudará a posicionarte y a despuntar en el entorno laboral actual. Sin duda, cuando la tienes bien definida, te ayuda a atraer oportunidades de negocio al aprovechar tus puntos fuertes y comunicar tu experiencia al público objetivo a través de diferentes canales online y offline.

TIPOS DE MARCA PERSONAL

Existen principalmente tres formas catalogadas:

- **Marca Personal Blanca.** Es una persona que no ha tomado conciencia de su marca y de su comunicación; reacciona e interactúa de forma esencial tal cual es, sin una gestión apropiada de la misma. Esto no tiene nada que ver con la autenticidad de una persona, tiene que ver más bien con sacarle el máximo provecho al potencial de cada individuo o la mejora de los puntos que así lo requieran.

- **Marca Personal Enlatada.** Estas marcas definen a las personas que se dejan llevar por las modas, que directamente imitan a otras personalidades a las que admiran, o dejan a un lado su propia esencia comportándose como los demás esperan que lo hagan.

- **Marca Personal Gestionada.** Este tipo de marca son personas que, como tú, se estudian a sí mismas, ven su potencial y se intentan sacar el máximo partido, identifican sus puntos ciegos y tratan de mejorarlos, primero para ellos y en consecuencia para los demás. Este tipo de personas pueden llegar a ser capaces de dejar una huella magnética en la gente que les rodea.

FASES DE DESARROLLO DE UNA MARCA PERSONAL

Cuando comienzas a indagar en este mundo, se abre ante ti un universo de posibilidades infinitas, tantas como personas decidan embarcarse en definir y desarrollar su Marca Personal, apostando por trabajar en ellas mismas y en su(s) talento(s) innato(s).

Hay muchas maneras de abordar su desarrollo. En mi amplia trayectoria laboral, asesorando a más de 200 Marcas Personales de personajes públicos, del mundo del deporte, de algunos de los conferenciantes y escritores más reconocidos, emprendedores y CEOs, en España, he podido desarrollar una metodología en la que detallo, paso a paso, cómo conseguir una Marca Personal consistente y que perdure en el tiempo y que puedes aplicar tanto dentro como fuera de tu organización. A continuación, te detallo los aspectos más importantes.

PARTE I: INTROSPECCIÓN

El camino de la Marca Personal comienza con una fase de introspección, definiendo tu propósito de vida (IKIGAI). ¿Sabes cuál es tu propósito en la vida? Siempre que lanzo esta pregunta en alguna de mis formaciones presenciales u online, se produce un silencio. No nos han enseñado a averiguar nuestro propósito en la vida y es la base esencial sobre la que vamos a construir nuestra Marca Personal.

Este concepto japonés se puede traducir como "la razón de vivir", la razón por la que te levantas cada mañana. A través de la herramienta "IKIGAI", vas a poder definir "lo que amas", "en qué eres bueno", "por lo que te pueden pagar", o "lo que necesita el mundo". A su vez, te va a permitir hallar tu "Pasión" (Lo que amas hacer + En lo que eres bueno), tu "Profesión" (En lo que eres bueno + Por lo que te pueden pagar), tu "Misión" (Por lo que te pueden pagar + Lo que necesita el mundo) y tu "Vocación" (Lo que necesita el mundo + Lo que amas).

Cuando das respuesta a todos estos aspectos, acabas de definir tu propósito de vida. ¡Enhorabuena!

Pero si hay algo sobre lo que hago especial hincapié es en poner tu talento al servicio de los demás. Todos hemos venido a esta vida para aportar algo al mundo, y todos tenemos al menos un talento, lo tengamos identificado o no. Identificar tu(s) talento(s) es esencial para que sigas avanzando en todo este proceso. Esto te va a ayudar a enfocarte hacia donde puedes aportar el máximo valor, al tiempo que te sientes realizado por ello.

A continuación, realizaremos un diagnóstico de situación para comprender tu punto de partida actual, entendiendo tu pasado (analizando tus creencias limitantes y potenciadoras), tu presente y tu futuro a través de diferentes herramientas como "La Rueda de la Vida" para saber exactamente de qué punto partimos.

Sin duda, la base más importante sobre la que se va construir tu Marca Personal es sobre quién eres, de ahí que hay que realizar un amplio trabajo de introspección para conocer a tu principal compañero de viaje, es decir, tú mismo.

PARTE II: FASE DE DESARROLLO

En este punto vamos a detallar los objetivos que queremos conseguir. Te recomiendo que visualices estas metas de una forma tangible: más facturación, más influencia, aumentar tu comunidad, mejorar tu posicionamiento en el mercado, conseguir un número determinado de clientes al mes, etc.

Al hablar de cada objetivo, quiero hacer una mención a los llamados SMART: que sea específico (Specific), medible (Measurable), alcanzable (Attainable), relevante (Relevant), y marcado en un espacio en el tiempo (Timely).

Al definir así los objetivos, te darán claridad en todo el proceso. Serán una brújula para orientar tus pasos, definir tu trayectoria, dónde comenzar, qué recursos usar o cómo organizar tu tiempo.

El siguiente paso será saber qué ofreces, es decir, definir, diseñar y validar tus productos o servicios. Esta definición va a ser la fuente de ingresos principal, el contenido de la difusión y lo que te posicionará en el mercado.

Hay que pensar en cómo paquetizar o empaquetar lo que sabes hacer; cómo validar y medir que las personas a las que vas a ofrecer tu producto estén realmente interesadas en él. Luego empezaremos por la producción para determinar cuánto tiempo y dinero debemos invertir para que ésta sea rentable.

Mi recomendación, en este punto, es aportar valor primero y luego ofrecer tus servicios. Se trata de generar confianza y credibilidad en la persona a la que vamos a ofrecer ese servicio. Por ejemplo, hacer una consultoría gratis por un tiempo determinado, organizar webinars, formaciones gratuitas, etc. Con esta actitud altruista, demuestras que realmente te preocupas por tu cliente, que te importa lo que le ocurre y que estás dispuesto a ayudarle.

Llegados a este momento, es hora de diseñar un Producto Mínimo Viable que te va a permitir saber si tu propuesta tiene interés para el público, si es necesario y si la gente está dispuesta a pagar por ello. Te va a ofrecer una visión real de aquello que funciona realmente, lo que debes potenciar de cara a tus posibles clientes.

Una vez que lo tengas diseñado, tienes que averiguar a quién se lo ofreces. Es decir, se trata de definir el cliente o los tipos de clientes que puedes tener para ese mismo producto. Aquí, te aconsejo usar la técnica del "Mapa de Empatía" para conocer a tu cliente ideal, para saber cómo ofrecerle nuestro producto o servicio, para enfocar bien la venta productiva y para demostrar que vas a hacer un intercambio de valor.

A continuación, vamos a definir la estrategia de tu modelo de negocio. Usaremos la herramienta "Business Canvas Model" a través de la cual vamos a definir tu Marca como un producto y la estrategia paso a paso a seguir. Tú eres el centro de todo y la coherencia tiene que estar en todo lo que haces, lo que vendes y el entorno que te rodea.

PARTE III: FASE DE LANZAMIENTO

En esta etapa llega un plan de acción para poner en marcha tu modelo de negocio y la nueva versión de ti, tu "yo" definido y sostenible en el tiempo.

Ya has trabajado sobre ti mismo, has hecho una planificación, has definido lo que quieres hacer, construir y compartir. Has decidido cómo quieres trabajar, cómo vas a mostrar tu Marca Personal y llevar a cabo tu modelo de negocio.

Ahora te toca crear tu propia plantilla en la que vas a plasmar todas las acciones que vas a realizar, detallando un orden y una fecha de ejecución.

Sin duda, el primer punto, deberá reflejar y definir el producto que vamos a vender, y después tendrás que detallar las acciones que vas a llevar a cabo: una comunicación sobre tu nueva web y blog; poner en marcha tus redes sociales; generar contenido en ellas; reunir los contenidos sobre los que tratará tu libro, empezar su redacción...

En todo este camino, puedes y debes hacer mejoras después de comprobar cómo ha reaccionado el mercado a tu primer lanzamiento. Puedes pivotar, reaccionar, mejorar, cambiar... Haz todos los cambios necesarios para adaptarte a aquello que el mercado te está pidiendo.

El único gran secreto en todo este proceso es el ser constante y no rendirte nunca. Sin duda, te animo a ello porque marcará un antes y un después en tu vida personal y profesional.

Como ves, se trata de un viaje profundo para impulsar tu vida y llevarla al nivel que siempre has querido. Con esta metodología, lograrás ese cambio y comprobarás todo lo que tu Marca Personal puede hacer por ti.

Finalmente, me gustaría señalarte los 10 resultados que vas a tener si desarrollas tu estrategia de Marca Personal y que van a impulsar tu vida profesional en múltiples sentidos:

- Obtienes conocimiento práctico desde cero.

- Inspiración, motivación y una introspección potente de tu ser gracias a un diálogo brillante entre un profesional y tú.

- Consigues más foco en una metodología de trabajo muy bien planteada desde cero.

- Logras conocerte mejor, resaltar tus fortalezas, mostrar al mundo tu mejor versión y toda la valía que tienes. Lanzar productos y servicios de forma profesional con excelentes resultados.

- Saber hacia dónde dirigir tu vida ahorrando tiempo y dinero.

- Conoces herramientas prácticas: definición de objetivos, modelos de negocio, diagnósticos, romper con creencias limitantes, encontrar tu mejor versión en las tres áreas principales de tu día a día.

- Mejoras tu productividad y la eficacia en tus gestiones.

- Podrás aportar más valor y cobrar más por tus productos y servicios aumentando el beneficio.

- Tendrás una hoja de ruta definida, un plan de trabajo para que logres en menos tiempo tus metas.

- Es un contenido interactivo que te engancha desde el inicio con reflexiones profundas, anécdotas y claves prácticas.

Sin duda alguna, la creación y el desarrollo de una Marca Personal cambia, impulsa y facilita tu vida profesional, tanto si estás en una organización como si trabajas como emprendedor, llevándola a otro nivel, algo que no tiene precio. ¡Apuesta por ella! ))

Acerca del autor

# RUBÉN MARTÍN

Es empresario, conferenciante, formador y experto en Marca Personal, creación de modelos de negocio, marketing, ventas, motivación y desarrollo personal. Acumula más de 16 años de experiencia en el mundo del emprendimiento. Ha ayudado a desarrollar más de 200 modelos de negocios. Trabaja la Marca Personal de personajes públicos, del mundo del deporte, de algunos de los conferenciantes y escritores más reconocidos del panorama nacional y ayuda a CEOs y a emprendedores a crear una estrategia para mejorar su posicionamiento en el mercado y aumentar su fuente de ingresos. A finales de 2019, Rubén publicó su libro *El Poder de tu Marca Personal*, una metodología de trabajo para convertir una Marca Personal en una empresa rentable.

Su misión es divulgar su conocimiento a través de herramientas prácticas para que cualquier persona que quiera transformar su vida a nivel personal o profesional pueda hacerlo y aplicarlo.

"La impresión más fuerte impide percibir los umbrales inferiores"

—Ernst Grombrich
Historiador de arte

# EL YUGO DEL TIEMPO REAL EN LA ERA DIGITAL

Luis Alberto Rodríguez Juárez
PERIODISTA

Hasta hace menos de una década, la gestión de las situaciones críticas empresariales, institucionales y gubernamentales permitía el "lujo" de unas horas e incluso días para analizar con algo de calma los impactos mediáticos y las circunstancias alrededor de los hechos que detonaban las crisis.

Por lo regular, los sucesos que iban escalando hasta provocar alguna crisis eran difundidos por periodistas a través de sus medios, particularmente los electrónicos o los nacientes medios digitales, y también de forma incipiente por usuarios —muchos de ellos influenciadores importantes— de las denominadas 'redes sociales', sobre todo Twitter y Facebook.

Hoy, las circunstancias han cambiado de manera radical generando una necesaria rapidez en la comunicación para incidir no sólo en los impactos mediáticos, sino especialmente en las percepciones que se pueden ir desarrollando, al punto de evitar que la realidad "creada" sea distinta a lo que en verdad ocurrió.

Las plataformas digitales y el tiempo real con que es transmitida la información a través de ellas se están convirtiendo en un elemento de fuerte presión y yugo tanto en la gestión de las crisis como en la toma de decisiones para controlarlas, siempre considerando el tipo de situación y dimensión de los hechos de que estemos hablando.

Mayor presión aún representa el hecho de que las plataformas digitales cada vez están más cercanas a la gente, en especial WhatsApp y Telegram. Estas redes sociales, basadas en plataformas públicas, tienen un componente importante de privacidad; llegan a usuarios de forma directa en cualquier lugar y momento a través de sus grupos o contactos telefónicos personales, lo cual dificulta las labores de monitoreo para detectar el nivel de escalamiento de una eventual crisis.

Esto es —pensemos haciendo una analogía— como el proceso conocido como "de boca en boca" o *mouth to mouth* que tiene mucha penetración en los diversos grupos de la sociedad, provocando diversas percepciones, pero arraigando al final "ideas creadas" que no precisamente corresponden a una realidad auténtica.

De ese tamaño es el reto en los tiempos actuales: la interacción de un conjunto de redes sociales que se están transformando en las fuentes iniciales de información de los llamados 'medios tradicionales' (prensa, radio y televisión), pero a la vez formadoras de opinión, aunque esta no necesariamente tenga bases. Es decir, en buena cantidad de casos, el mundo de las fake news.

A pesar de esas circunstancias, que plantean y replantean la dinámica de cómo atender las emergencias, continúan siendo operativos y efectivos los modelos y bases seguidos en las últimas dos décadas para la gestión de las situaciones críticas empresariales, institucionales o gubernamentales, tales como el Incident Management and Crisis Resolution (IMCR) de Coca-Cola y el Business Continuity Planning, éste último con sus ramificaciones.

Lo que está cambiando son los medios, así como la rapidez con que discurre la información y la capacidad de monitorear oportunamente los impactos para evitar que escalen. A menos que se cuente con sofisticados y costosos sistemas de monitoreo de redes para detectar dónde surge una información crítica o errónea, así como su paulatino escalamiento, cada vez es más complicado seguir la ruta de la información para una intervención oportuna, sobre todo en las plataformas como WhatsApp y Telegram, que están sirviendo como replicadoras de textos colocados en blogs, páginas, tuits, posts, audios, videos y fotografías.

Mi experiencia personal en materia de temas de seguridad pública ha sido compleja, en el sentido de que aquella noticia falsa o distorsionada que no es corregida o desmentida de manera oportuna, al final termina magnificándose no sólo en las redes sociales o las cadenas de WhatsApp y Telegram, sino también en los medios periodísticos tradicionales.

Parece increíble, pero cuando han sucedido hechos de seguridad pública graves y se interviene a tiempo, las redes y los medios de prensa les restan importancia o veracidad. Pero cuando no se interviene y se deja de informar frente a hechos que incluso no ocurrieron, entonces se da una relevancia que no corresponde a la dimensión de los sucesos. Es una especie de fenómeno inverso que requiere actuación oportuna para no dejar vacíos en la información.

IMPACTOS Y SU ESCALAMIENTO

Tres tipos de impactos son importantes a considerar en toda situación crítica:

- **Los impactos mediáticos,** que corresponden a la información o tipo de hechos que se relatan tanto en los medios tradicionales (prensa, radio y televisión —considerando que muchas veces se nutren de los digitales—), y la información de las propias de redes sociales. Esto es importante porque permite determinar la veracidad o falsedad de los contenidos y su potencial alcance, tanto en cantidad como en tiempo de duración.

- **Los impactos perceptuales,** que son las ideas que se van formando o prevalecen después de que los medios tradicionales y digitales difundieron hechos acerca de una situación crítica. Estas percepciones pueden ser ciertas o falsas, pero al final quedan como "ideas creadas" que determinarán la postura o incluso toma de decisiones, especialmente de los grupos de interés, así como de las empresas, instituciones o entidades gubernamentales.

- **Los impactos reales,** que son las repercusiones ocasionadas a una empresa, institución o entidad de gobierno derivadas de los impactos mediáticos y las percepciones que ocasionaron, a partir de una situación crítica determinada.

Dos ejemplos de ello:

Primero.- En el estado de Puebla, en una institución prestigiada, se registró el secuestro de un alumno de preparatoria perteneciente a una familia de ingresos altos y reconocida en la capital de esa entidad. El muchacho apareció muerto días después en un paraje de Veracruz.

En las investigaciones, las autoridades policiacas encontraron que un compañero del joven fallecido estaba relacionado con el homicidio, a partir de diversas evidencias. El hecho se comprobó finalmente.

Para la institución, la crisis iba en varias vías: el joven señalado como responsable de la muerte era becado, tenía mal rendimiento y por eso se le retiró el apoyo, a pesar de las peticiones de la familia de que continuara la ayuda. Por otra parte, el joven victimado usaba sus redes sociales para presumir posesiones y viajes.

El impacto mediático fue de tinte policiaco dando mayor connotación a que había sido asesinado por su propio compañero de escuela.

El impacto perceptual se empezó a generar entre los padres de familia y alumnos quienes cuestionaron acerca de a quiénes se estaba dando acceso a la institución y si no había los filtros adecuados para evitar esa situación, además de que creció el estigma contra los becados.

El impacto real previsto es que en ciclos escolares posteriores cayera la inscripción por falta de confianza de padres y alumnos sobre la seguridad y los filtros de ingreso. Tal circunstancia realmente ocurrió al siguiente año.

Hubo gestión de la situación, con un vocero asignado al más alto nivel, pero probablemente no con la rapidez necesaria. Los medios y las redes empezaron a llenar vacíos.

Hacia el interior de la institución, la comunicación entre alumnos, padres de familia, maestros y otros grupos de interés también fue tardía relativamente, lo que dio espacio a rumores, especulaciones, deformación de hechos, creando una percepción negativa que incidió en el impacto real: baja en la inscripción —que era la crisis esperada— debido a falta de confianza en los mecanismos de ingreso.

Segundo.- En Jalisco existe un problema agudo de escasez de agua en el área metropolitana de Guadalajara, que probablemente se exacerbe en los siguientes años debido a que la Laguna de Chapala —principal abastecedora de agua para la zona— tiene bajos niveles y un mecanismo deficiente de operación a nivel de cuenca que pueda permitir su recarga.

La solución prevista era incrementar la altura de la cortina de una presa en construcción que derivaría en abasto suficiente para Guadalajara y suministro hacia León, Guanajuato, de donde las aguas residuales ya tratadas serían reencauzadas hacia la cuenca que terminaría abasteciendo a la Laguna de Chapala para aumentar su nivel.

La problemática empezó cuando algunos miembros de una comunidad donde se ubica la presa, provenientes en especial de la iglesia católica, comenzaron a manifestar oposición, exacerbando los ánimos de los pobladores para oponerse a la obra bajo el argumento de que "el pueblo sería inundado".

La comunicación del proyecto se hizo de manera técnica esencialmente, pero creció tanto el asunto que llegó a politizarse al punto de que se abrió una vieja disputa sobre la propiedad estatal del agua entre Jalisco y Guanajuato. La máxima autoridad estatal tomó una posición en contra, lo cual terminó por prejuiciar lo benéfico de la obra.

A pesar de que se hizo una adecuada intervención comunitaria para gestionar la crisis, en términos de medios de prensa y de grupos de interés —particularmente políticos e influenciadores relevantes— no se actuó de manera oportuna y sencilla. El vocero no tenía las habilidades adecuadas para evitar controvertir en medios.

Al final, el nivel de la cortina de la presa no se aumentó y el riesgo futuro de desabasto de agua en el área metropolitana de Guadalajara quedó latente, sobre todo por su creciente incremento poblacional que demandará servicio de ese tipo en los próximos años.

En ambos ejemplos pudiera desprenderse que la oportunidad y rapidez en la comunicación es primordial, pero sobre todo cuando es instrumentada con claridad hacia quienes debe dirigirse esa comunicación, es decir, hacia los grupos de interés o audiencias clave en cada caso.

Por experiencia propia estoy convencido de que la comunicación debe estar dirigida no sólo a medios periodísticos —por más influenciadores que sean y estén ligados a ciertos sectores—.

La clave de una buena gestión de crisis radica en una comunicación pronta y clara hacia los involucrados, entendidos estos como los que son afectados o pudieran ser afectados por un hecho crítico, en cualquiera de sus dimensiones.

Cuando se comunica con enfoque a los grupos de interés de manera preferente, en forma paralela al contacto con la prensa, se está atacando la posibilidad de que estos grupos se conviertan en fuente negativa de información para los medios periodísticos o que sean ellos mismos emisores de comentarios, textos, videos o imágenes a través de redes sociales.

Los conceptos de "influenciar a los influenciadores", o "comunicar a los que comunican", no son nuevos, pero son más relevantes hoy en día en tiempos de la era digital y la inmediatez en la transmisión de información.

## PLANEACIÓN, CLAVE DE EFECTIVIDAD

La rapidez con que corre la información en tiempo real —mucha cierta, otra medio cierta y demasiada que es falsa— representa hoy en día el yugo mayor en la comunicación. Sin embargo, el elemento más importante para la anticipación y control pleno de una crisis sigue siendo la prevención mediante la planeación que se logra a través de métodos efectivos de gestión.

Desarrollar esquemas y modelos plenamente comprobados y certificados como son el análisis de riesgos, el análisis de impactos, la preparación de guías y respuestas de actuación, así como la capacitación de quienes gestionarán las situaciones críticas y serán los voceros ante los grupos de interés, son la mejor manera para controlar, evitar o prevenir una conflagración.

### EL VOCERO: MÁS ALLÁ DE UNA BUENA ENTREVISTA

Uno de los puntos que es necesario afinar es el rol del vocero, de manera que su intervención opere más allá del papel visible de atención a medios periodísticos a través de entrevistas. Mi experiencia personal al respecto es que no basta tener buenas técnicas para el control de la entrevista periodística con el fin de colocar los mejores mensajes y sustentarlos con datos concretos, ciertos, creíbles y sencillos, también es necesario participar en la comunicación directa a través de los medios digitales más adecuados, como es el caso de WhatsApp y Telegram.

Sostener una comunicación constante, fluida y respetuosa con los grupos de interés e influenciadores relevantes —tanto de medios periodísticos como líderes de organizaciones de toda índole— genera un elemento clave para un vocero: confianza.

Esto implica para el vocero o voceros —ya sean de una empresa, institución o entidad gubernamental— tener claros y bien identificados los grupos demográficos a alcanzar, los mensajes más pertinentes en función de los intereses de aquellos y —sobre todo— los canales de comunicación a través de los cuales suelen interactuar, para participar en estos.

INTERVENCIÓN DE VOCEROS A NIVEL DE GRUPOS DE INTERÉS: UN EJEMPLO

Hace algunos años, en la periferia de la ciudad de Monterrey, una importante empresa de fabricación de autopartes tuvo el derrame de un enorme tanque subterráneo de gasolina, usado para abastecer a los vehículos de la empresa.

Al observar que empezaba a haber "faltantes" en el tanque, directivos de la empresa condujeron una investigación y detectaron el derrame. Este podría tener consecuencias mayores en caso de alcanzar un manto freático que llegaba a núcleos de población y era fuente de abasto de una empresa de bebidas.

Ningún órgano de prensa se enteró del hecho a lo largo de casi dos meses de la gestión de la crisis.

Fueron habilitados como voceros los técnicos y personas mejor preparadas para comunicar a los diferentes interesados: vecinos de empresas, cámaras, asociaciones, autoridades, pobladores de comunidades aledañas. Siempre con mensajes claros destinados a apuntalar que había un problema pero que estaba totalmente bajo control, haciendo uso de las mejores técnicas de monitoreo y contención. Y sobre todo con el compromiso de que se mantendría una comunicación fluida.

No existían como ahora los medios digitales. De haber sido así, pudieran haber puesto en riesgo el plan de gestión de la crisis, pero es un claro ejemplo de que ciudadanos y entes clave bien informados —a través de voceros calificados y bien preparados— contribuyen a mitigar cualquier efecto adverso.

CONCLUSIONES

La batalla en el mundo de las percepciones se libra hoy en día en el campo de las redes sociales. En la actualidad, las redes son el crisol en el que convergen usuarios desinteresados o los que tienen afanes de sólo obtener información o diversión.

A la vez, particularmente en esos espacios digitales participan activamente influenciadores relevantes de los medios de prensa, de la política, de la academia, de las organizaciones de la sociedad civil, así como periodistas y gestores o community managers institucionales de empresas y gobiernos.

Más allá de si las redes sociales son manipuladas o no a través de sistemas automatizados (bots) y de las restricciones constantes que impulsan las empresas creadoras u operadoras de esos espacios digitales, el hecho es que se han convertido en fuente primaria de información para medios tradicionales y, en general, para muchos sectores de la población.

La inmediatez con que penetran estas redes, sobre todo las que tienen un enfoque privado —como las mencionadas WhatsApp y Telegram— representa un gran reto para los gestores de crisis en anticipar no sólo los riesgos sino la velocidad con que puede regarse la información y, en especial, los impactos perceptuales que puede generar, a fin de intervenir de manera efectiva y evitar o mitigar cualquier situación.

Para el vocero o voceros, el reto es trabajar con la mayor celeridad posible en la estructuración de mensajes e información de sustento que sirvan para divulgar a través de las plataformas —particularmente las de enfoque privado—. Tal situación, siempre en la perspectiva de que la mejor gestión de una crisis está en tener y mantener bien informadas a cuantas personas estén relacionadas. Al final de todo, ellas son las afectadas por cualquier hecho crítico y pueden ser las potenciales detractoras en una crisis. ))

Acerca del autor

# LUIS ALBERTO RODRÍGUEZ JUÁREZ

Desarrolló una amplia carrera en medios periodísticos durante 18 años; en oficinas de Comunicación Social de gobierno durante cuatro años y proporcionando consultoría externa por cerca de 25 años a agencias de comunicación y relaciones públicas, así como a empresas y corporativos de diversos sectores económicos. Está especializado en gestión y preparación de la comunicación en situaciones de crisis, así como en capacitación de directivos de empresas y funcionarios de gobierno para ser voceros en su interlocución con periodistas y grupos de interés. Actualmente es asesor en comunicación y vocero del Gabinete de Seguridad de la Oficina del gobernador del estado de Tamaulipas. Es licenciado en Derecho y maestro en Psicología por la Universidad del Valle de México, campus Lomas Verdes.

"Las marcas están ansiosas por producir ríos y océanos de contenido. Los clientes están fatigados por el aluvión de contenido irrelevante y, a menudo, de baja calidad"

—Christine Crandell
presidenta de New Business Strategy

# CONTENIDO: LARGA VIDA AL REY

Hugo Domínguez
PERIODISTA DE NEGOCIOS

Bill Gates es el fundador de Microsoft, y eso casi todo mundo lo sabe. Lo que pocos saben es que también ha cobrado notoriedad por su capacidad para predecir eventos globales.

En 2020 se hicieron virales unas palabras que dijo cinco años atrás, en 2015, cuando participó en una charla TED en la que alertó al mundo respecto a lo devastadora que podría ser la siguiente epidemia para la humanidad —una derivación del virus de la gripe, como la llamó—.

De la misma forma ha acertado en varias predicciones. Pero aquí hablaré de una en especial que tiene que ver con este capítulo. "El contenido es el rey", escribió Bill Gates en 1996 para el sitio web de Microsoft. Desde entonces, la frase se ha vuelto un cliché en el mundo de la comunicación, pero no por ello carece de valor.

Todo aquel que ha sabido interpretar este mensaje le ha sacado provecho. En el mundo digital el contenido es prácticamente todo lo que ves: un tuit, un video, una publicación de blog, un podcast, un webinar, un sitio web, un mensaje, una campaña de mailing. "Si el contenido es fuego, las redes sociales son la gasolina", dice Jay Baer, estratega de negocios y marketing.

En el mismo sentido, Gates escribiría en la memorable publicación: "Cuando se trata de una red interactiva como internet, la definición de contenido se vuelve muy amplia […] Pero las oportunidades para la mayoría de las empresas implican la entrega de información o entretenimiento. Ninguna empresa es demasiado pequeña para participar".

Y luego sentenció: "Una de las cosas interesantes de internet es que cualquier persona con una PC y un módem puede publicar cualquier contenido que pueda crear".

También ahí se refirió a cosas que hoy nos parecen obvias, como el "costo casi cero" —discutible, por supuesto— de crear y distribuir contenido multiplataforma y la oportunidad que eso significaba para todos en aquel momento.

Y vaya que trajo oportunidades. La revolución digital terminó por democratizar el acceso a los medios digitales a tal grado que cualquier persona puede crear y distribuir contenido. Y, desde luego, son los tiempos en que las empresas, sin importar su tamaño ni su giro, explotan sus creaciones multimedia para construir audiencias, generar conexiones emocionales, posicionar su marca y atraer clientes.

Todo ello lejos de las onerosas pautas publicitarias tradicionales en los medios masivos de comunicación a las que estaban encadenadas las compañías que deseaban mayor difusión y acercamiento con sus clientes. Aclaro que no quiero confundir: ambas estrategias —contenido orgánico y pautas publicitarias— sirven para fines distintos y, desde luego, pueden ser complementarias.

## EL PUNTO CLAVE

Situémonos de nueva cuenta en 1996 cuando Gates escribe ese texto clarividente. En general existe escaso conocimiento sobre el alcance de los datos, y el tema de la "transformación digital" es algo de lo que apenas se habla. Pocos alcanzan a ver la revolución que se avecina. La televisión es el medio reinante. Los periódicos y revistas son más gordos —más incluso que los periodistas de esa época— y los medios masivos aún parecen un modelo de negocio rentable. Y, claro, tenemos el incipiente internet, cuyo modelo de negocio es aún incierto.

El primer blog lo había creado en 1994 el estudiante Justin Hall (Links.net) y, dos años después, en una charla para periodistas de la Sociedad Americana de Editores de Periódicos, surgió por primera vez el término "Content Marketing", lo que ya sabemos por definiciones en la web: todas esas técnicas y metodologías de las que echan mano los consorcios para atraer clientes potenciales mediante la creación y distribución de contenido multiformato.

En un principio se trataba de blogs sobre experiencias personales. Luego surgió la oportunidad para las empresas.

La sentencia de Bill Gates cobró fuerza en silencio, conforme la revolución tecnológica y la digitalización hicieron lo suyo, a tal grado que:

- En 2020 había casi 600 millones de blogs en el mundo (de acuerdo con Statista) y, diariamente, las personas publican 2 millones de entradas.

- El 62% de las empresas en todo el mundo usa YouTube para publicar contenido. Esta plataforma procesa 400 horas de video cada minuto.

- Hay 850,000 podcasts activos, con más de 30 millones de episodios.

- Cada minuto, la gente envía 12.9 millones de mensajes de texto, comparte 49,380 fotos en Instagram y publica 473,400 tuits, de acuerdo con datos de Domo (proveedor de servicios en la nube), que publicó la revista *Entrepreneur* en el texto *The insane amounts of data we are using every minute.*

### EL VALOR DEL CONTENIDO

Es increíble, pero hay que pagar un precio: la enorme cantidad de contenido basura que hay en la red, sin rigor, sin sustento, sin argumentos ni dirección. Porque la oportunidad que ofrecen los medios digitales en mentes irreflexivas transforma la libertad creativa en palabras sin forma ni fondo.

Alguna vez, el legendario entrenador de futbol César Luis Menotti, campeón del mundo con Argentina en 1978, habló en una entrevista para *El País* (*"El futbol se lo robaron a la gente"*) sobre la necesidad de establecer límites —suena obvio en el papel, pero, venga, hasta el champú tiene instrucciones—: "La libertad no se le da a nadie en el campo, se gana desde el conocimiento. Tú en tu trabajo le das libertad a un tonto y te arruina el periódico. Esto es lo mismo; le tienes que decir a los jugadores qué han de hacer porque no pueden hacerlo ellos. Se juega libre dentro de una idea y de un funcionamiento", dijo en aquella entrevista.

Y funciona igual en los contenidos. Sobre todo en los que crean las empresas. Ningún área de comunicación debería carecer de un manual de estilo porque, hoy en día, es tan sencillo, y riesgoso al mismo tiempo, decir cualquier cosa. Vivimos en la época donde la información es un insumo. "El petróleo ya no es el recurso más valioso, sino los datos", publicó *The Economist* en un artículo de 2017.

"Las marcas están ansiosas por producir ríos y océanos de contenido. Los clientes están fatigados por el aluvión de contenido irrelevante y, a menudo, de baja calidad", escribe en este sentido Christine Crandell, presidenta de la firma de consultoría New Business Strategy, para *CMS Wire*, en el artículo *Content is dead and we killed it*.

Entonces, ¿es válido suponer que las empresas ya no deberían crear contenido? Nada más falso. Es esencial crearlo, pero siempre debe desarrollarse bajo una estrategia que se alinee a los objetivos del negocio, que responda a los intereses y problemas de su mercado objetivo bajo una genuina empatía —y no bajo la soberbia de sus áreas internas de comunicación y marketing—. El negocio tendrá que considerar formatos, ángulos y diferentes plataformas para comunicar mensajes de forma distinta, de acuerdo con cada consumidor, mediante ópticas que, desde luego, busquen beneficiar ese negocio. Pero lo más importante: contempla una inversión de tiempo y recursos para educar a las audiencias antes que venderles un producto.

Y desde luego es primordial establecer límites y lineamientos que dan rigor a la creación de contenido y mejor dirección a la estrategia de comunicación. La buena noticia es que quienes deciden pasar este embudo cualitativo, regularmente terminan creando contenido útil y de valor que ayuda a sus potenciales clientes porque aborda puntos de dolor prácticos y significativos, genera empatía y, lo más importante, les ofrece soluciones que no implican necesariamente la venta de su producto, sino el entendimiento del problema y una perspectiva novedosa al abordarlo.

"Enamórate del problema, antes que de la solución", dijo en 2014 Uri Levine, cofundador de Waze, la afamada aplicación para la gestión de tránsito en tiempo real, durante una conferencia en Londres con emprendedores. El contenido debe ser consistente con esta idea.

## IMPACTO EN EL NEGOCIO

Deere & Company —más famosa como John Deere— es una empresa con casi 200 años de operación, que empezó fabricando maquinaria agrícola. Desde entonces ha diversificado su modelo de negocio y hoy está presente en una docena de industrias con un portafolio de productos que atiende a varios sectores.

Menos conocido es que esta empresa tiene una revista, *The Furrow*, en la cual publica interesantes artículos que abordan problemas del sector agrícola desde diferentes ángulos y perspectivas como lo son la sustentabilidad, técnicas de siembra y riego, acercamiento a comunidades y mucho más.

La estrategia es consistente con estos tiempos, pero lo verdaderamente increíble es que John Deere publicó el primer número de *The Furrow* en 1895, antes que cualquier concepto de 'content marketing' apareciera en alguna mente experta; y lo hizo con el afán de ayudar a sus clientes —granjeros, principalmente— a resolver los problemas que enfrentaban.

Lo más sorprendente es que sigue vigente al día de hoy, en un formato de revista digital. Por qué una empresa como John Deere —que podría ser cualquiera— querría invertir tiempo, dinero y recursos en una estrategia de comunicación que, ciertamente, no es el core de su negocio? La clave es el contexto y la visión. El contexto, porque era 1895, el auge de la Segunda Revolución Industrial; Deere quería vender soluciones tecnológicas modernas que su mercado anquilosado no entendía del todo.

Claramente hay una resistencia al cambio y un temor a las tecnologías que, en ese momento, prometen transformar el trabajo y los procesos —¿te suena? —porque esa marca apuesta estratégicamente a invertir recursos para educar a un mercado inmaduro y, hasta cierto punto, con poco conocimiento del tema.

Desde luego, una estrategia de este tipo no sólo le beneficia a John Deere, sino a sus competidores, porque nada le garantiza que quien lea *The Furrow* comprará sus productos. Incluso, podría ser que terminen comprando los de sus competidores. Es una posibilidad, aunque, ciertamente, sabe que estará en una posición más competitiva, como marca experta en su materia y en el *top of mind* de sus potenciales clientes.

Por ello insiste en 'culturizar' ese mercado porque, claro, es mejor tener X porcentaje de algo, que 100 por ciento de nada.

Seguro que, en ese momento, medir el Retorno de Inversión de esta estrategia era imposible. Pero, ¿alguien se atreve a cuestionarla?

Y aquí hay otro caso: GE, la multinacional industrial digital y de infraestructura con presencia en múltiples sectores económicos.

Esta empresa es especial porque sus productos son técnicos y complejos, pero también porque los hace ver simples y cercanos a las personas. Genera experiencias alrededor de ellos convirtiéndose en ejemplo de marketing B2B.

"Es el mayor caso de estudio del Content Marketing", dice Mark Schaefer, un experto en marketing que ha publicado una decena de libros de la materia. "Me encanta este ejemplo (GE) de marketing B2B porque rompe un paradigma y hace que un producto común sea hermoso y emocional", escribe Schaefer en su blog personal, en referencia a alguna de las campañas que hizo la empresa estadounidense para promocionar un microscopio electrónico.

UN CASO REGIONAL

Las empresas crean contenido porque quieren ganar clientes y posicionamiento de marca.

Es una aspiración legítima, pero una estrategia de este tipo debe deslindarse de los ríos de información que ya hay en la red, de tal manera que se vuelva un activo y un valor diferenciado de la compañía frente a sus competidores. Para lograrlo, es necesario que asuma cierto nivel en el compromiso educativo con la audiencia.

Gesta Labs es una empresa mexicana que, desde su creación (2017), ha apostado a educar a su mercado: el sector manufacturero de México.

La empresa se especializa en el desarrollo de soluciones del Internet de las Cosas o Internet of Things (IoT), Big Data e Inteligencia Artificial que forman parte de las tecnologías de la Cuarta Revolución Industrial o Industria 4.0.

Tal como le sucedió a John Deere, esta compañía se enfrenta a un mercado acostumbrado a innovar poco, con escaso conocimiento respecto a tecnologías emergentes.

Históricamente, las empresas manufactureras en México han empleado una mano de obra intensiva, con poca o nula innovación tecnológica. Por esta razón, Gesta Labs cree que hay un gran mercado esperando, pero no es sencillo: sus clientes potenciales suelen mirar con recelo cualquier tecnología novedosa, de la que no saben demasiado.

Ayudarlos a eliminar clichés y resistencia exige crear contenido consistente que aborde la forma en que las tecnologías emergentes resuelven problemas comunes en las fábricas. Exige hablar su lenguaje y empatizar con sus problemas.

"Creamos la empresa con un enfoque en comunicación porque sabíamos que había mucho desconocimiento respecto a las soluciones que queríamos impulsar", comenta Marcelo de la Garza, cofundador de Gesta Labs.

En el mismo carril, acota que "una estrategia tradicional de publicidad iba a ser un gasto y un esfuerzo desaprovechado, por eso apostamos más por educar y comunicar a mediano y largo plazo con una estrategia de contenido".

Y sentencia: "Es una estrategia más lenta respecto a la publicidad tradicional, pero es la opción cuando tienes que educar a un mercado".

Esta compañía tiene un blog con contenido multiformato (artículos especializados, podcasts, videos y documentos técnicos) en el que aborda de forma consistente aquellos problemas que históricamente han mermado la rentabilidad de las empresas de esta industria.

Al igual que John Deere, Gesta Labs enfrenta el reto de vencer la resistencia al cambio en el sector manufacturero, en los albores de la Cuarta Revolución Industrial.

¿Vale la pena hacerlo? "El contenido es muy útil cuando los clientes buscan referencias sobre ti y descubren que eres un experto en lo que hablas; sin duda ayuda a validar el proceso de ventas", dice Jair Pérez, cofundador y CEO de la tecnológica mexicana.

Son necesarias muchas páginas para hablar de todos los ejemplos relevantes y sobresalientes de las empresas que crean grandes historias. Me gustan los casos de John Deere, GE y Gesta Labs porque los tres atienden segmentos B2B y eso añade complejidad a la forma de narrar historias.

Linda Boff, Chief Marketing Officer de GE, asegura que, dado que esta trasnacional fabrica cosas complejas y difíciles, es importante encontrar formas de describirlas de una manera "simple y atractiva".

LA INFORMACIÓN ESTÁ EN CASA

Según datos de la agencia de marketing digital Siege Media, 56% de los negocios planea incrementar el gasto en creación de contenido (2020).

Cada día hay más ejemplos de empresas que logran establecer una oferta diferenciada y agregar valor a su negocio a través de su comunicación.

Algunas ya se han posicionado como auténticas revistas digitales que combinan contenido técnico, testimonios de clientes, podcasts, artículos, guías de descarga e historias que generan conexiones emocionales con su audiencia: Hubspot —cuyo blog educa a las empresas en marketing y ventas—, Starbucks —que publica historias alrededor del café—, WooCommerce —que provee información práctica y fácil de entender para quien desea saber más del comercio electrónico—. La lista es larga.

La clave para conseguir esa diferenciación es desprenderse de la tentación de hablar respecto a lo "maravilloso" que puede ser el producto de una marca y, en su lugar, enfocarse en los temas que hay alrededor de ella.

¿De qué hablo? Un fabricante de autobuses quiere vender más vehículos, pero su estrategia de contenido no sólo debería abordar la comodidad de la unidad y el rendimiento de sus motores. De hecho, podría prescindir de eso y, en su lugar, generar contenido relevante y distinto en aquellos temas que preocupan a sus potenciales compradores, como pueden ser la movilidad inteligente, la infraestructura, la ecología y la sustentabilidad, el desarrollo de proveedores a lo largo de su cadena de suministro, el capital humano, etcétera. Así es como esta empresa podría empezar a construir su narrativa de marca, más conocida como storytelling.

En este punto quizá pienses que estos ejemplos son demasiado aspiracionales dada la cantidad de recursos que tienen esas compañías. Y es verdad que algunas los tienen en abundancia, pero lo importante es que la posibilidad de crear contenido es real en cuanto a que las herramientas digitales son accesibles para cualquier empresa, tal como lo escribió Bill Gates hace 25 años.

El talento y la creatividad son básicos para hacer cosas sorprendentes, distintas, y el costo es casi cero, aunque los resultados no son inmediatos.

Echar a andar una estrategia de contenido orgánico necesita tiempo y consistencia para que una empresa construya su audiencia con base en las temáticas que rodean a su marca y de esta manera posicionarse como experta en la materia.

De acuerdo con el Content Marketing Institute, este tipo de comunicación genera tres veces más contactos calificados (leads) frente a las pautas publicitarias en el marketing tradicional. Añade que los negocios pequeños que emprenden una estrategia de contenido atraen 126% más leads frente a quienes no desarrollan una.

La *Encuesta sobre Preferencias de Contenido 2019* menciona que 41% de los tomadores de decisión en los mercados B2B consume de tres a cinco piezas de contenido antes de lanzarse a establecer el primer contacto. "[Mediante el contenido] ganas interés y posicionamiento cuando los clientes tienen que tomar una decisión de compra", añade Rafael Páez, cofundador de Gesta Labs.

Como dije antes, una estrategia de contenido busca educar a una audiencia con ángulos y enfoques novedosos, contenido útil, didáctico e interactivo, al tiempo que posiciona a la marca como experta en cierto tema, le ayuda a generar conexiones emocionales con la audiencia y, desde luego, a atraer clientes potenciales.

Aunque el costo de las herramientas digitales en muchos casos es cero, su ejecución no suele ser simple, pues una estrategia de contenidos de alto valor debe responder a los objetivos estratégicos del negocio.

Además, para llevar a cabo una ejecución efectiva, la empresa debe conocer aspectos clave de su audiencia objetivo —'buyer persona'— y ser capaz de responder preguntas como: ¿qué posición ocupa en la empresa esa persona a la que quiere llegar?, ¿qué resultados lo hacen ser exitoso en su posición?, ¿cuáles son los problemas habituales y puntos de dolor que debe vencer para lograr sus resultados?, ¿qué habilidades y herramientas necesita para ejecutar su trabajo?, ¿cuáles son sus retos, de qué forma aprende cosas nuevas, qué publicaciones lee, a cuáles organismos pertenece, a qué expos asiste, dónde busca información sobre proveedores?, entre muchas cosas más.

Responder estos y otros cuestionamientos da la oportunidad de construir al arquetipo de comprador, quien finalmente es la inspiración de cada contenido.

Dicho de otra forma: cada publicación que una empresa realice debe ser una herramienta informativa y útil para ayudar al buyer persona (representación ideal de tu cliente) a generar nuevas perspectivas y enfoques en los problemas que históricamente ha enfrentado en su trabajo —68% de quienes consumen contenido B2B prefieren la información sobre sus problemas o puntos de dolor—.

Esta información, al final, te dará datos y conocimiento, pero está lejos de definir el tono de la conversación que deberás emplear en cada contenido, el corazón de tu narrativa de marca.

En este punto conviene plantearte lo siguiente: Si tu empresa fuera una persona, ¿Cómo se comunicaría? ¿Qué tono de conversación usaría? ¿Es inteligente e irreverente, o prefiere un tono de conversación más sofisticado? ¿Cómo logra emplear un lenguaje con cierta carga técnica sin aburrir a su audiencia?

Una empresa que se toma el tiempo de planear esta estrategia considerando todos estos detalles, está más cerca de crear contenido de valor y utilidad, porque está priorizando el fondo y la forma sobre la necesidad de vender. Porque dedica tiempo a investigar, redactar, editar y estructurar, antes que abandonarse a la tentación de hacer un comercial.

Por eso no me asusta que haya ríos de información. Celebro que los haya, de hecho.

Estoy muy lejos de creer que el contenido esté muerto. El buen contenido es para las audiencias exigentes y siempre tendrá una marca distintiva en cada formato que se presente. "Necesitas crear contenido que sea ridículamente bueno, útil, agradable e inspirado", dice Ann Handley, escritora, conferencista y especialista en marketing. Se refiere a la capacidad de crear conversaciones con tu audiencia.

El autor Tom Fishburne (*Your ad Ignored here: Cartoons from 15 Years of Marketing, Business, and Doodling in Meetings*) lo resume así: "El mejor marketing no se siente como marketing".

Así que lo de Bill Gates ha sido rotundo e incontestable: El contenido es el rey.

Afortunadamente para todos los que vivimos de él, es un monarca con una gran nobleza y generosidad. ))

Acerca del autor

## HUGO DOMÍNGUEZ

Es periodista de negocios, y ha sido editor y colaborador en algunas de las empresas editoriales más importantes de México, como Grupo Expansión y Forbes, así como estratega de comunicación, contenidos y narrativa de marca con especialización en segmentos B2B.

"El marketing ya no es una cuestión de lo que sabes producir, sino de qué historias sabes contar"

—Seth Godin

# EL CONTEXTO ES LA REINA

## Mario A. Esparza
PR MENTOR, CONTENT HACKER Y STORYTELLER

En plena era postCovid-19 e inmersos en la nueva normalidad, las estrategias empresariales se digitalizaron velozmente para resolver los retos que presentaron el confinamiento de la población y los nuevos hábitos de consumo, no sólo en materia de compras, sino en consumo de información.

En este escenario, el hecho de provocar una mayor interacción entre una marca y sus clientes, ser relevantes en el mar de información, liderar el pensamiento de la industria, cuidar la reputación y diferenciarse de la competencia, se han convertido en prioridades para las compañías de todos los sectores.

Las redes sociales y la penetración de la Comunicación 4.0 han dejado claro que los consumidores buscan y quieren algo más que comprar un producto o servicio: quieren soluciones. Por ello, cualquier medio —digital y análogo— por donde se transmitan la voz, los diferenciadores y la propuesta de valor de la empresa, necesita enriquecerse con el rey de la comunicación: el contenido.

La máxima "El contenido es el rey" se ha convertido en un eje rector de la comunicación corporativa, ya que las organizaciones están dirigiendo sus estrategias hacia la construcción de una conexión más íntima con sus consumidores, a través de información alrededor de sus marcas, agregando valor a la vida del usuario y brindando soluciones a sus problemas.

Cuando se manifiesta que el contenido es el rey es porque forma parte medular de las distintas herramientas de comunicación corporativa. No obstante, primero se debe tener claro cómo se genera un contenido virtuoso y capaz de provocar una interacción enriquecedora entre marcas y consumidores.

Crear contenido para interactuar y conectar con los clientes exige romper con el antiguo paradigma de negocio de vender productos o servicios; el reto ahora es generar posicionamiento, recordación, branding, lealtad y acercar la marca a las personas para escucharlas, entenderlas, conocerlas y, finalmente, satisfacer sus necesidades.

El contenido permite obtener una reacción del consumidor y establecer un diálogo bidireccional para crear nuevas soluciones acordes a sus prioridades y estilo de vida. Por ejemplo, cuando alguien lee un artículo o mira un video en YouTube, está buscando temáticas informativas, frescas, actuales, relevantes, valiosas y sin propósitos promocionales, lo que se traduce en la necesidad que tiene de informarse y consultar expertos para su toma de decisiones y solución de conflictos. ¿Cuántos de nosotros no hemos buscado en internet información sobre cómo configurar un nuevo smartphone o preparar un platillo para la cena de Navidad?

¿Sabías que, en 2019, 91% de las compañías a nivel mundial ya contaban con una estrategia de contenidos, de las cuales 46% gastó al menos 10,000 dólares, considerando que la métrica más importante es la generación de leads?

Ante este panorama, un contenido es valioso cuando integra los siguientes elementos:

- Información rápida y útil.
- Calidad, ante todo.
- Veracidad, por lo que al citar fuentes es necesario comprobar que sean confiables.

Pero, ¿cómo logro ese contenido valioso? Si el contenido es el rey, la forma más efectiva de potenciarlo es a través de elementos como artículos, videos, audios e imágenes, entre otros, capaces de conectar con los usuarios y comprometerlos con la marca. Esto despertará el interés de los públicos y captará su atención.

En la estrategia de contenidos se recomienda utilizar tanto redes sociales como blogs, herramientas útiles para crear engagement y provocar interacción entre empresas y clientes, ya que son espacios donde los consumidores están al mismo nivel que las marcas y existe libertad de expresar lo que sienten y necesitan en su vida diaria.

Una vez capturada la atención y el interés de los usuarios, los temas desarrollados no deben decepcionar, sino superar sus expectativas, informarlos y entretenerlos. El reto aquí es ofrecer una experiencia relevante y única, diferente a la publicidad, punto de venta y cualquier elemento del *marketing mix*, ya que se trata de mostrar un rostro distinto de la marca.

Un contenido valioso y aplicable a la rutina del consumidor lo convertirá en información líquida, viral y compatible, capaz de permearse entre usuarios potenciales, plataformas de comunicación y círculos de influencia.

El potencial de penetración del contenido es invaluable y un detonador que llevará al cliente a la acción (compra o recomendación) y no sólo a tener a una compañía posicionada en su mente.

Si bien el propósito de generar contenido es conectar a las marcas con sus consumidores, el "call to action" es la consecuencia natural de los contenidos virtuosos, ya que los verbos son acción y los sustantivos son valor. Lanzar promociones, crear programas de recompensas, ofrecer beneficios exclusivos o simplemente decirle al consumidor que es lo más importante para tu compañía, son acciones de un llamado a la acción efectivo.

Beneficios de crear contenido de valor alrededor de tu marca:

- Optimizas tu presupuesto de marketing.
- Mejoras tu posicionamiento SEO en buscadores.
- Incrementas el tráfico a tu página web y redes sociales.

- Atraes nuevos clientes.

- Refuerzas los lazos y conectas de manera emocional con tus clientes (engagement).

- Posicionas tu marca.

- Generas leads de ventas.

- Consigues el favor de tus consumidores para recomendar o referenciar tus productos o servicios.

- Educas a tus clientes sobre tu marca y evangelizas al mercado.

- Brindas soluciones para resolver los problemas de tus usuarios.

- Estableces un diálogo con tus públicos.

- Viralizas tu marca.

- Retienes clientes.

- Entiendes de manera específica a cada tipo de cliente.

- Facilitas medir el retorno de tu inversión (ROI).

- Creas información para cada etapa del customer journey (concientización, consideración y acción).

En resumen, el contenido cumple una labor esencial en la comunicación corporativa, debido a que la información que se comparte con los clientes debe ser relevante, útil, fresca y educativa para establecer un vínculo emocional, además de facilitar sus actividades cotidianas y la toma de decisiones empresariales.

EL VALOR DEL CONTEXTO

De esta manera, uno de los mayores desafíos que tienen las compañías es producir suficiente contenido, el cual integre mensajes específicos para sus públicos objetivos, se adapte a los diversos medios de difusión y se sincronice con los principales sucesos coyunturales.

Ante esta situación, es importante considerar que en un escenario donde las plataformas digitales y redes sociales siguen tomando la delantera en la distribución y alcance de información, gracias al confinamiento y la nueva normalidad, el manejo del contenido marcará la diferencia entre ser relevante o pasar desapercibido por las audiencias.

Según el estudio de Domo, *Data Never Sleeps 7.0*, a nivel mundial cada minuto Google recibe casi 4.5 millones de búsquedas, además de reproducirse 4.5 millones de videos en YouTube y casi 650,000 horas de video en Netflix. Además, se realizan 1,389 reservas a través de Airbnb y 231,840 llamadas por Skype. Unas 277,777 *stories* son publicadas por los usuarios de Instagram y 511,200 por los de Twitter. ¿Cómo destacar en este mar de información?

Al considerar el océano de mensajes, noticias y otros productos que se generan cada segundo, si alguien comparte contenido sobre su marca en su red personal o de negocios, es porque está dando su aprobación y considera relevante su lectura y difusión entre su círculo de influencia.

En este sentido, la relevancia y valor están ligados directamente con el contexto en que se crea y se difunde, es decir, el contenido es útil en una época, momento y situación determinados, así como para un consumidor determinado.

Elaborar contenido sobre un momento o circunstancia específicos permite que la información se vuelva valiosa, que ayude al consumidor en su toma de decisiones y cumpla de manera efectiva con estos elementos noticiosos:

- **Novedad.** Los sucesos deben ser nuevos, raros o fuera de lo común.

- **Proximidad.** Los hechos entregados provocan mayor interés si son cercanos a donde vive o se desenvuelve el lector-receptor.

- **Importancia.** Que la noticia tenga valor, interés o influencia en un tema o suceso.

- **Oportunidad.** Mientras más rápido se dé a conocer un hecho noticioso, mayor valor tendrá.

- **Prominencia.** El suceso provoca mayor interés si la gente involucrada es importante o conocida.

- **Actualidad.** La noticia debe ser reciente o actual.

- **Generalidad.** La información debe ser de interés social y no particular.

- **Veracidad.** Los hechos tienen que ser reales y contar con un respaldo y/o fuentes confiables para corroborar si es real.

- **Consecuencia.** Tiene interés noticioso todo lo que afecte a la vida de la gente.

- **Claridad.** La información debe ser los más clara, coherente y evidente.

- **Brevedad.** Los sucesos deben ser presentados de manera breve, concisa, sin reiteraciones ni datos irrelevantes.

- **Interés humano.** La noticia debe ser capaz de provocar una respuesta afectiva o conexión emocional con el público.

- **Desenlace.** Algunos sucesos mantienen el interés de la opinión pública en espera del final de la nota, la cual puede resultar sorprendente o inesperada.

- **Tema.** Las notas relacionadas con ciertos ámbitos como avances científicos, tendencias tecnológicas y desastres naturales, entre otras, resultan ser atractivas en sí mismas para los receptores.

- **Servicio.** Un suceso cobra relevancia si brinda información de valor o ayuda a tomar decisiones a la audiencia.

Estos componentes tomarán sentido en la vida cotidiana de tus clientes y fortalecerán el vínculo con tu marca al considerarla una fuente valiosa de información y que brinda soluciones a sus necesidades.

Para lograr esto, tu compañía debe monitorear y estar al tanto de los eventos, tendencias y sucesos históricos en los cuales se desenvuelve, así como conocer las necesidades del mercado y tendencias que marcarán el rumbo de los negocios en el futuro próximo. Además, es importante implementar estrategias de social listening y analítica de datos para escuchar al consumidor en las redes sociales y sacar valor de sus conversaciones. Ser tardo para hablar y pronto para oír.

Cumplir con estas recomendaciones para que el rey vaya de la mano con la reina, es decir, el contexto, hará la diferencia entre ser relevante o convertirse en un contenido más. Realizar artículos, videos o podcasts al margen de su propia coyuntura y sin un contexto específico, seguramente estará destinado al fracaso y pasará inadvertido.

Sólo por citar un ejemplo, generar temáticas alrededor del coronavirus en materia de teletrabajo, seguridad, nuevos hábitos de consumo, cadena de suministro, innovaciones tecnológicas y avances científicos, y en qué momento empata la propuesta de valor de tu marca, sin duda dará relevancia a tu información.

La fórmula de contenido y contexto se traduce en experiencias, donde más allá de contar una historia y decir cómo utilizar tu producto o servicio, logras que el consumidor se identifique con ellos y los aplique en el momento adecuado para superar sus contratiempos. El resultado: vínculos fuertes y fidelidad a tu marca.

En conclusión, si el contenido es importante, el contexto en el que se entrega y se comparte lo es aún más. Y tú, ¿ya estás listo para compartir contenido valioso en el contexto preciso? ))

Acerca del autor

## MARIO A. ESPARZA

Es PR mentor, content hacker y storyteller con más de 13 años de experiencia en estrategias de comunicación y marketing digital B2B/B2C de industrias como tecnología, retail, consumo, cuidado de la salud, entre otras. Además, ha sido docente en la Universidad del Valle de México para las carreras de Relaciones Públicas, Mercadotecnia y Comunicación, así como colaborador en diversos medios de comunicación.

"¿Es esto lo que quieres? -susurró el vampiro- ¿Es esto lo que quieres oír? (...) No te estoy dando lo que quieres, ¿verdad? Querías una entrevista, algo para la radio"

—Anne Rice
*Entrevista con el vampiro*, 1976

# TÁCTICAS PARA UNA ENTREVISTA EXITOSA

Uriel Naum Ávila
CONSULTOR EN COMUNICACIÓN CORPORATIVA

Son varias las ocasiones que me han invitado a participar en media training poniendo a prueba a voceros y analizando la manera en que se comportan y transmiten los mensajes. Se trata de un buen ejercicio; es sencillo darles retroalimentación de qué es en lo que están fallando, pero sólo en esa entrevista, sólo en ese momento.

Si el día de mañana van a otro lugar, con otra temática y otro periodista o medio, muy posiblemente las áreas de oportunidad sean otras. Con esto quiero decir que nos quedamos cortos en nuestra aportación como consultores cuando no podemos darles más herramientas, pues una preparación para una entrevista no comienza y termina con la interacción directa que se tiene con los periodistas a través de las preguntas que realizan, sino que debe existir una extensión del proceso si queremos realmente impactar con nuestros mensajes.

Pienso que el proceso de diálogo (una vez más, no es la entrevista, ésta es parte de una continuidad de acciones) es similar a ir a un baile. Uno escoge con tiempo a qué baile ir, qué tipo de música quiere bailar, con quién ir al baile y cómo vamos a bailar. El baile es un proceso de negociación; uno no baila buscando chocar con la otra persona (al menos que sea slam), sino que va estudiando los movimientos de su acompañante para ir a un ritmo similar (nunca igual, porque no habría espacio para la creatividad).

A nadie le gusta ser el bailarín que hace el ridículo frente a la gente (en comunicación, esto sucede frente a las audiencias). Pero intentar ser John Travolta, Michael Jackson, Justin Timberlake o Daddy Yankee requiere mucha práctica y entrenamiento. Tratar de sacar tus mejores pasos frente a otra u otro que baila algo distinto, o con alguien que no está en buena disposición para danzar, o quien sin saber de ritmos sólo busca tomarte de la cintura para acercarse a tu cartera, lo más seguro es que las cosas no terminen bien.

Esto último lo comento porque siempre te encontrarás periodistas y medios a modo —más en estos tiempos donde muchas editoriales de revistas y diarios buscan recursos económicos a como dé lugar—, que preguntarán lo que el vocero y la empresa quieran que se pregunte, pero si una cosa nos ha venido a dejar la era digital es que las audiencias tienen infinidad de opciones de información y saben distinguir entre una publicidad disfrazada y una entrevista que realmente entrega valor.

¿Y quién hace entrevistas de valor donde se ofrece información relevante para los lectores, balanceada, profunda y que ponga los acentos, no en lo que el entrevistado quiere, sino en lo que a un segmento de la sociedad le interesa saber? Eso sólo lo consiguen los medios que tienen periodistas con buena reputación, misma que se construye en el tiempo con agudeza, honestidad, conocimiento de los temas y ética periodística. Es un hecho probado: no hay buenos medios con malos periodistas.

Esto nos lleva a entender que no sólo estamos tratando con un medio o marca, aunque sean reconocidos, sino con personas que estarán frente a nosotros preguntando, y que cada una de ellas tiene una visión diferente de ti o tu empresa: perspectivas distintas, ángulos, incentivos varios, motivaciones y posturas ideológicas diversas o 'hilo' para 'jalar' la historia. En pocas palabras, nunca esperes que una entrevista que te van a hacer mañana sea similar a la que un periodista te hizo días, semanas o años antes; y mucho menos que lo que quieres decir vaya a ser entendido y escrito como lo imaginabas.

Esto me hace recordar un video que puedes encontrar en YouTube que lleva por nombre *El infierno de la prensa*. Es entretenido y hace referencia a los diferentes tipos de periodistas que puedes encontrar, yendo desde los superficiales, que nunca investigan y todo lo hacen sencillo sin ser rigurosos con las fuentes, hasta llegar a los tendenciosos, los que no tienen matices, y están seguros de que en el armario de tu oficina "escondes un muerto".

Mucho de cierto hay en todo esto, pero la realidad es que un punto de partida es investigar tanto al periodista como al medio con el que "bailarás" en la conversación. Debes saber, te lo confieso, que entre periodistas serios hay una frase clave que suele repetirse: "ni los empresarios, ni los ejecutivos, ni los relacionistas públicos ni las empresas son nuestros amigos", hablando estrictamente de sus fuentes. Difícilmente vas a encontrar en las redes sociales a uno de estos periodistas posando en una foto con un vocero para hacerla viral.

Esto no quiere decir que haya que temer a los periodistas porque sean "enemigos naturales" de los voceros, sino que simplemente aquellos que buscan manejarse con profesionalismo mantienen una sana distancia con los entrevistados en el intento constante por alcanzar la objetividad informativa. Sabemos bien que ésta nunca es del todo pura (al periodista como a cualquier persona lo motivan los ideales, intereses y percepciones particulares), pero siempre es una aspiración que se busca alcanzar.

Alguna vez un CEO me comentaba que ya se imaginaba por dónde iría la conversación que sostendríamos, porque en una rueda de prensa un colega mío —en ese entonces del mismo medio— ya lo había entrevistado. Pues no, no sería así. Cada periodista, aunque se trate de un mismo medio, lleva una batería de preguntas distinta, que corresponde a cierto contexto, y la agudeza del entrevistador dependerá casi siempre de la experiencia y conocimiento que éste tenga del tema.

Es por esto que investigar un poco del perfil del periodista y lo que ha escrito antes te ayudará a conocerlo mejor, pero también te llevará a entender cómo es que 'vibran' sus textos, es decir, hacia dónde suele llevarlos, qué subtemas acostumbra tocar y dónde procura encontrar el valor noticioso de lo que escribe. Esto te permitirá estar mejor preparado para una entrevista y ofrecer temáticas que puedan ser de valor para los lectores.

Sí, porque debes saber que no existe "un lector", sino diferentes tipos de lectores y stakeholders (grupos de interés) que buscan uno u otro tipo de publicación o contenido. Un lector, por ejemplo, puede leer un tipo de revista de negocios, pero no necesariamente lee a la competencia de esa publicación. Cada lector tiene motivaciones distintas y cada revista atiende a públicos distintos, aunque sea parte de un mismo segmento.

¿QUIÉN LEE A ESTE MEDIO Y A ESTE PERIODISTA?

Esa es la pregunta que debes hacerte para darle estructura a tus mensajes y enfocarlos adecuadamente. ¿Va a jóvenes, mujeres, empresarios, ingenieros, emprendedores, ejecutivos, etc.? ¿Cómo y a quién debemos hablarle? ¿Qué les interesa a ellos?

Ahora bien, decodificar al medio y al periodista que te entrevistará es sólo el comienzo de tu preparación para ese intercambio, pero de tu lado también tienes que analizar qué 'volumen' le pondrás a la música con la que bailarás, y deberás analizar si tienes un 'paso' (una historia) que realmente pueda sorprender y sea diferente a los que otros voceros de tu industria pueden ofrecer.

Y debes saber una cosa más: a ningún periodista le gusta que tengas durante el encuentro cierto tipo de actitudes que, aunque no lo creas, pueden impactar negativamente en la manera en que se despliega la información que le ofreciste en el medio para el que labora o en su propio blog, si fuera el caso de un comunicador con influencia en su sector.

Ninguna actitud es pura. En ocasiones se presentan más de dos posturas al unísono en detrimento del propio proceso de compartir información y, por supuesto, causa mella en sus resultados. Yo suelo tipificar las malas actitudes de los voceros de la siguiente forma:

- **El sorprendido.** Es el directivo que exagera las cosas buscando que el periodista le 'compre' la información o porque él mismo desconoce el tema a profundidad y busca suplirlo de esta manera.

- **El somnoliento.** Este tipo de voceros no transmiten nada y se notan aburridos durante la plática. Si estás cansado o tienes días complejos, mejor no ofrezcas ninguna declaración, ya que podrías estar perdiendo una gran oportunidad.

- **El molesto.** Es el ejecutivo que se muestra incómodo con la presencia del periodista, ya sea porque no estaba preparado para la entrevista o porque el momento no es el adecuado para una charla. De este tipo de voceros no suele venir información relevante, puesto que su malestar simplemente los indispone a darla.

- **El distraído.** Abundan. Son los que mientras están en entrevista siguen atendiendo mil cosas, regresando, o intentando regresar todo el tiempo, para jalar el hilo de la conversación. Se limitan a lanzar mensajes al aire sin profundizar en ellos.

- **El rollero.** Todo lo que hace es hablar y hablar sin un mensaje clave y sin ningún destino. Suelen dar más tiempo de entrevista, pero sin ofrecer ningún contenido de valor.

- **El pose.** Busca sorprender al entrevistador observándose como alguien inalcanzable, incluso, como alguien que sabe hacer mucho mejor el trabajo del periodista. Regularmente genera poca confianza. Da la percepción de nunca ofrecer toda la información de valor a la que tiene acceso. Dependiendo del medio con el que conversa, su nivel de camaradería sale a la luz con el periodista.

- **El sí-no.** Un 'sí' o un 'no' pueden ser en algunas ocasiones el encabezado de un diario, pero una entrevista llevada todo el tiempo bajo esos términos es una de las peores experiencias para un comunicador. Una nota bajo ese formato difícilmente verá la luz en una redacción.

Cualesquiera de estas actitudes son tan malas en un proceso de entrevista como cancelar de última hora a un periodista — sucede más de lo que imaginas—. Quien lo hace no sólo bloquea la oportunidad de colocar sus mensajes, sino que pone en riesgo la labor de los informadores, que día a día trabajan bajo una agenda determinada que hacen de conocimiento a sus editores un día antes o el mismo día en que está pactado un acercamiento con su interlocutor.

Un buen periodista nunca te enviará las preguntas antes de la reunión con él o ella, a menos que se trate de alguien sin experiencia. Si acaso te ofrecerá algunas líneas temáticas por donde planea llevar la conversación. Esto es porque mandar preguntas es como poner una camisa de fuerza anticipada a la entrevista, lo que no permite profundizar en los temas. Las líneas temáticas son suficientes para alguien que presume dominar el tema y tener claridad de los mensajes.

Para bailar cómodamente requieres de ciertos aditamentos, uno de ellos es contar con zapatos adecuados. En las entrevistas sucede lo mismo, sólo que aquí es posible tener a la mano un media brief, o un fact sheet o documento informativo estructurado, de tal forma que te permita acudir a él cuando se trate, por ejemplo, de ciertos datos de la empresa, del sector, del nombre de quien te entrevistará, de ciertos temas sensibles, etc. En este mismo libro hay un apartado dedicado exclusivamente a este tema que te será de mucha ayuda: *Lo que tu marca debe comunicar*. Este documento-resumen, breve y estratégico, regularmente lo prepara el área de Comunicación apoyada, en la mayoría de los casos, de sus agencias de relaciones públicas.

Algo muy relevante antes de decir "sí" a una entrevista: pregúntate si es el momento oportuno para darla. Antes se decía que "el contenido era el rey", hoy se dice que "el contexto es la reina". Nos damos cuenta en las métricas de los portales de noticias. Los contenidos que más clics suelen tener son los que se 'suben' a la coyuntura con información diferenciada. Si no tienes toda la información como para ofrecer algo diferente o sólido al entorno noticioso, mejor no salgas a dar entrevistas; pero si tienes información valiosa, tampoco demores demasiado. Los tiempos en la era digital van a la velocidad de la luz.

Y una cosa más: si lo que vas a decir son proyectos en mente o buenos deseos, mejor no digas nada. Las audiencias buscan más acciones y menos palabrería, el periodismo se basa en hechos. No basta con un lindo storytelling como el que muchas empresas ahora hacen para mejorar su imagen o buscar estar en los medios de alguna forma. La comunicación estratégica y de alto impacto debe basarse en storydoing.

El mundo digital permite a las personas informadas (stakeholders) tener mayores elementos para saber cuando mientes y si lo que dices hacer es comprobable.

## TÁCTICOS DE ESTRATEGIA

Un vocero preparado, como vimos antes, siempre se presentará a un conversatorio con los mensajes claves que busca dar. Pero una entrevista no es un monólogo y el periodista nunca abordará únicamente el tema que al directivo de empresa le interesa ofrecer.

El periodista que ha hecho su trabajo de investigación antes de encaminar el diálogo, aprovechará el tiempo para hablar de otros temas que para él tienen igual o más relevancia que el mensaje que el vocero lleva. Y, como hay que recordar, estamos en un 'baile', y por eso hay que ver qué paso da el otro para desplazarnos adecuadamente hacia el área que se quiere llevar la conversación.

Los entrenamientos de medios suelen tener todavía un respaldo muy empírico en su desarrollo. Hay poca metodología, estrictamente hablando, en sus procedimientos. Hace falta generar más método para la profesionalización de la vocería. Yo abordaré dos herramientas que son útiles para no dejar de colocar los mensajes claves durante la entrevista, aun cuando los periodistas tengan interés por saber sobre otros temas relevantes.

La primer herramienta es una pizarra que he nombrado Estrategia de Traslado del Entrevistado (ETE). Se trata de un método que conocí en Business Process Management (BPM) y que adapté a los procesos de una entrevista. Recordemos que cuando hay una fase de cambio en una empresa siempre están los conformes, los inconformes y los que están a la expectativa, al menos. Algo similar sucede en los encuentros verbales.

La ETE pudiera parecer similar a algunas metodologías que existen para diseñar estrategias de comunicación con stakeholders, aunque ésas son de mayor aliento y gozan de un tiempo muy largo para estar midiendo y actuando en consecuencia. ETE es de rápida reacción.

Imaginemos un cuadrante donde lo que buscamos es tener una ruta de entrevista con ese periodista y medio en particular. En otras palabras, vamos a idear cómo nos moveremos en esa pista. En el eje de las X debe estar desglosado el tipo de perfil frente al que nos encontramos (entre más categorías tengas, mejor). En el extremo izquierdo el nivel bajo de preguntas de riesgo y en el derecho el más alto posible. Para entender de dónde saldremos es indispensable, una vez más, conocer el historial periodístico de tu contraparte.

En el eje de las Y estará en la parte superior el As Is (lo que regularmente es por dónde suele moverse el medio que inquirirá al vocero) y en la parte inferior el To Be (hacia donde buscamos llevar la conversación con el periodista). En un principio esto podrá estar plasmado en una hoja de papel, pero la idea es que cuando inicie el intercambio lo tengas con claridad en tu mente y vayas viendo si la plática se va dirigiendo hacia donde te propusiste llevarla de manera estratégica. Sé paciente. No tienes que ser tan rígido en el método. Deja margen para que el entrevistador también pueda moverse en los temas que a él o ella le interesan; siempre tendrás tiempo para regresar a la zona de confort (ese espacio donde te sientes cómodo con tu mensaje).

Recuerda que el mensaje no está implícito al entablar un diálogo con el periodista. El mensaje siempre lleva información esencial. ¿Qué puntos clave se deben ofrecer? Aquellos que determinan la trascendencia y repercusiones que queremos que tengan para nuestra marca o persona, los cuales pueden ser verbales o no verbales (sobre este último encontrarás en este libro un capítulo al respecto: *El lenguaje no verbal en la era digital*. Recordemos que la gesticulación y el silencio también comunican.

Otra herramienta que se acopla muy bien a la anterior es la que he nombrado "Estrategia de la Hamburguesa". Si has cursado un MBA o una especialidad afín, puede que el tema se te haga familiar, suele usarse como concepto en materia de management.

Para adentrarnos en esta herramienta, dejemos de lado el baile por un momento y demos espacio a otro placer, el de la comida. Imaginemos que somos chefs y hemos preparado una hamburguesa especial para la entrevista que compartiremos con nuestro invitado, el entrevistador. Las tapas inferior y superior llevan el mensaje principal. La tapa de arriba representa el inicio de la conversación. Desde que abrimos la entrevista hay que poner el mensaje en la mesa.

En el ínter, como sucede con una hamburguesa, hay muchos otros elementos y condimentos. Algunos, como el chile, pueden picar un poco. La lechuga representa las preguntas soft del entrevistador. Ningún periodista, salvo que lleve mucha prisa, llegará preguntando, por ejemplo, de la drástica caída que pudo haber tenido la empresa en la Bolsa de Valores. Regularmente se comienza con algo de contexto y el entrevistador tiene esos elementos que lo llevarán en algún momento hacia la carne jugosa que desea.

Pero antes pasa por el jitomate, esas preguntas que llevan al periodista a acercarse al tema en el que busca profundizar. El queso que se derrite sobre esa carne es tan bueno como la calidad de la casa de lácteos donde lo han preparado. El queso representa el conocimiento del tema por parte del comunicólogo.

Llegado el momento, vendrá la materia que más interesa al entrevistador. Y siempre espera llevarse algo más. Ese algo podría ser la piña o cualquier ingrediente extra de la hamburguesa. Y se podrá llevar lo que el vocero y su equipo prepararon, pero siempre con tapas, nunca sin ellas. De otra forma no sería hamburguesa, de otra forma tampoco sería una entrevista exitosa para la empresa y su vocero. La tapa inferior consiste en poner otra vez el mensaje clave en la salida, al término de la charla.

Siempre habrá factores que incidirán en la manufactura del 'bocadillo'. Partiendo del factor tiempo, que puede influir, mas no determinar el hecho de que no se den los mensajes; las preguntas inesperadas, y los elementos que pueden generar complejidad en el proceso: más gente presente en el lugar, cámaras, luces, el espacio en sí, etcétera.

De igual forma hay aspectos que deben evitarse en una entrevista, por ejemplo, algo que no quisiéramos ver publicado. Tampoco se debe mentir, inventar o suponer, o ir desde la zona de confort hacia una pista totalmente distinta, como en la política, salvo que así se haya planeado desde un inicio porque cumple con el fin del mensaje principal o ayuda a su posicionamiento.

Los tecnicismos nunca son útiles en este tipo de procesos, por el contrario. Más bien alejan el entendimiento. Y si no se tiene la respuesta a algo, lo mejor es ser francos con el entrevistador antes de caer en contradicciones o simplemente hablar de algo que se desconoce. Si a una pregunta no tenemos una respuesta a la mano, siempre será bien recibido por el periodista el que se le diga que esa contestación en específico se hará llegar después, pues no se cuenta con información precisa inmediata o bien que no se es la persona indicada para emitir una determinada postura.

En una ocasión un colega publicó un comentario que el vocero había pedido quedara *off the record*. Cuando la empresa llamó a la redacción para quejarse, el periodista dijo: "yo fui a una entrevista, no a una cena de amigos. Y si se me dijo y lo tengo grabado, es publicable". Y hay mucho de razón en ello, y sin entrar a una discusión ética, lo recomendable es hablar de todo aquello que una empresa sí puede hacer del conocimiento público, y evitar (grabadora o no) lo que no se quiere que trascienda en medios.

Para esos momentos en que no se está cierto de la respuesta, es mejor utilizar transiciones, una técnica muy común en entrenamiento de medios que ayuda a dar giros sin tropezarse uno mismo. Algunas pueden ser: "para profundizar en el tema…", "es necesario mencionar que…"; "me gustaría resaltar que…"; "no me gustaría especular, pero puedo comentar al respecto que…", "no soy el vocero indicado para hablar de ello, pero sí puedo contarte que…".

Una desafortunada práctica de las áreas de comunicación, o de algunos publirrelacionistas o agencias, es pedir la transcripción de la entrevista a los periodistas antes de que ésta sea publicada. Esto es una falta de respeto a su trabajo, es como decir "bailé contigo y te voy a evaluar para ver si salimos o no de nuevo". En todo caso si hay cifras o datos que son importantes dejar claros, siempre puedes enviar un correo específicamente con esa información inmediatamente después de la entrevista, por supuesto, haciendo mención al terminar la charla de que enviarás los datos para que no existan equivocaciones o malinterpretaciones.

El mantra más importante para los voceros es: "no respondo preguntas, doy mensajes… con un propósito específico". Para que estos sean claros y recordados se recomienda apoyarse en analogías, ejemplos claros, reales y, hoy más que nunca, humanizados. Ese es el ritmo que nos viene a poner la nueva era de la comunicación corporativa.

Más adelante hablaremos de los retos y perspectivas que ya estamos viviendo de cara a una nueva realidad, en su mayoría, digitalizada. ))

Acerca del autor

# URIEL NAUM ÁVILA

Es periodista de negocios en Latam (www.urielnaum.com), consultor en comunicación corporativa y cofundador de Stalkeo Empresarial. Ha sido editor en medios como AnalisisFinanciero.info, Manufactura, Expansión, El Universal, Forbes Centroamérica y Forbes Latam. Es columnista en El Capitalino de México, Forbes Centroamérica, Reporte 79 de República Dominicana y Sistema de Noticias Internacional de Panamá.

"El propagandista, aprovechándose de un viejo cliché o manipulando uno de nuevo cuño, puede dirigir a veces una masa completa de emociones colectivas"

—Edward Bernays

# LO QUE TU MARCA DEBE COMUNICAR

Jesús Meza
COMUNICADOR Y MERCADÓLOGO

Pareciera fácil expresar que "una imagen dice más que mil palabras", pero si nos remontamos a las bases gráficas que componen una marca, podremos percatarnos que la comunicación tiene muchas ramas que podrían llevarnos a la reflexión especulativa entre éstas y los consumidores.

Las estrategias básicas de la comunicación se basan en efectuar y medir la efectividad de lo que se comunica. La comunicación efectiva es donde existe un emisor (vocero) y el receptor (audiencia) que modifican la expresión de un mensaje, lo que en forma equivalente normalmente denominamos "codificar". Así, el mensaje se transmite de forma exitosa: el receptor comprende el significado y la intención del mensaje emitido.

Para fortalecer esta relación existe una diversidad de herramientas para lograr el entendimiento y la oportunidad de encuentro entre un producto o servicio y el ser humano. No pretendemos profundizar en detalles filosóficos de la comunicación, pero sí adentrarnos a las funcionalidades de las estrategias que un ejecutivo de Relaciones Públicas debe proporcionar a sus clientes, previo a entrenar voceros que se expondrán a los medios.

Entendamos de inicio que las marcas quieren comunicar a sus consumidores múltiples puntos, entre ellos:

- Beneficios y atributos

- Funcionalidades y usos

- Ventajas competitivas

- Calidad y precio

Así como los consumidores tratan de retroalimentarse de las marcas, razón por lo que surge la obligación de emitir mensajes de forma clara, concisa y precisa —y esto no siempre se logra con aspectos publicitarios—, la mayoría de las veces se requiere la precisión de la visión de un portavoz de branding. Este vocero debe elaborar comunicados con un sustento metodológico, con conocimiento de la industria y del mercado y, a su vez, utilizar a los medios de comunicación para masificar la información a través de un trabajo periodístico.

La empresa no sólo debe establecer una estrategia clara de posicionamiento, también debe transmitirla eficazmente al público. La calidad también se expresa mediante otros elementos de mercado y muchas veces el prestigio de los fabricantes contribuye a percibirla. Todos los elementos deben comunicar y reforzar la imagen de la marca (ver *Dirección de Mercadotecnia: Análisis, Planeación, Implementación y Control* de Philip Kotler, 2001).

Con base en esta conceptualización, destacamos la trascendencia de contar con argumentos que apoyen al vocero de una empresa a transformar la manera en que ésta se relaciona con sus clientes. Para ello es vital comprender que para ingresar al mundo periodístico se requiere respetar ciertos estándares y poner en contexto la información, apoyar una investigación o cuestionar argumentos, todo a favor de una marca, y adaptando las técnicas de promoción de ventas a los diversos públicos. Las marcas requieren de una comunicación de dos vías (que se da entre el vocero de la organización y los medios) que éstas demanden para acercarse a la audiencia indicada, de acuerdo con una segmentación.

## TU MEJOR ARMA

Los tiempos van modificando la forma en la que nos pronunciamos. Las vías que ocupamos para "codificar" los mensajes han evolucionado. Anteriormente, el comportamiento del consumidor estaba alineado en satisfacer necesidades; en la actualidad hay que implementar técnicas comunicativas que nos ayuden a llegar al cliente indicado, en el momento indicado.

En este sentido, destaquemos qué hay que tener en mente en la relación con los medios:

- Una entrevista con la prensa no es para responder preguntas, sino para entregar mensajes.

- Es fundamental conocer y entender los intereses que los periodistas tienen para dirigir las entrevistas hacia el ángulo de la nota que tiene el medio al que pertenecen.

- Estar confiado en la forma en que la información merece ser transmitirla, tanto en términos de conocimientos como de experiencia.

- Tener control del qué, del cómo, del cuándo, del dónde y del para qué.

- El periodista quiere "hacer" noticias, no sólo reportarlas.

Esto es un proceso clave para comunicar de forma clara y concisa a qué te dedicas, cómo lo haces, qué ofreces y de qué manera puedes beneficiar a tus clientes.

Retomando el origen del emisor-mensaje-receptor, comprendamos que el comportamiento comunicacional natural del ser humano es responder preguntas. Así nos fue enseñado desde la infancia, como un proceso de implicación social. Pero para tener éxito en encuentros con medios, se debe construir un puente que nos permita expresar las ideas que deseamos. Los mensajes deben ser frases que nos ayuden a identificar las fortalezas, las promesas relevantes y diferenciadoras de una determinada marca, y así nos brinden la posibilidad de generar posicionamiento a través de las características propias del producto o servicio que se está transmitiendo.

Para lograr esto, se elabora un guion que el vocero de la empresa debe estudiar de forma frecuente y previa a un encuentro con prensa, trabajarlo en conjunto con las áreas correspondientes y su consultor de Relaciones Públicas. Este documento debe contener al menos lo siguiente:

- Fecha y hora de la entrevista o encuentro.

- Breve semblanza del periodista.
- Información sobre el medio que representa como: tiraje, rating o alcance, periodicidad, tipo de audiencia.
- Temática del encuentro a sostener.
- Cifras de apoyo de la industria y mercado de que se trate.
- Mensajes de tu marca (producto, precio, promoción, plaza, entre otros).
- Posibles preguntas del periodista.
- ¿Qué relación ha existido en el pasado con esa fuente?
- ¿Qué temas podrían ser sensibles para tu marca?
- Tips para entrevista (tipo de vestimenta a elegir, énfasis en ciertos mensajes o cifras, no hables de tu competencia —pero conócela bien—; qué temas debes evitar, etc.).
- Apoyos audiovisuales para el periodista (fotografías, infografías, tutoriales, pruebas de producto, entre otros).

La prensa, en cualquier parte del mundo, quiere destacar un acontecimiento noticioso que sea trascendental. Por ende, es vital comprobar la trascendencia de mensajes claros para mantener ese posicionamiento de marca. Para este fin, debe evitarse que los actuales procesos de comunicación se reproduzcan en clásicos estilos de un sistema mercantilizado en el que la publicidad, el sensacionalismo, las fake news y la hiperinformación rompan la estrategia ideada para nuestras propuestas.

## ELABORACIÓN DE MENSAJES

Si bien no existe una fórmula estipulada, el desarrollo de mensajes debe contener buena redacción y estilo: que sea adecuado para la audiencia, que tenga un sustento en la industria y el mercado, que sea creíble, pero principalmente que el mensaje nos permita contar una historia, el famoso storytelling.

Es nítido cómo las nuevas tecnologías han modificado el modo en el que nos comunicamos. Hoy el storytelling es el contenido que permite amplificar el grado de eficacia e impacto, cuyo fin es involucrar al espectador y producir en él una emoción específica. Es aquí donde sucede la magia y el posicionamiento o branding que hacen efecto en el receptor.

El contar con datos estadísticos ayuda a darle credibilidad a nuestros dichos, mientras que el desarrollo de una historia de cómo funciona, cómo beneficia, a quién le ayuda, para qué sirve, qué hace y quién lo hace logrará una retención en la audiencia. Los mensajes pueden variar según la situación, el momento o el público, pero nunca deben contradecirse. No olvidemos que nuestro decir no sólo quedará plasmado, sino que la historia dará valor a la cultura colectiva de la marca.

Componentes de utilidad:

- Lo más importante debe ir al principio y al final de lo que digas.

- No asumas que quien te escucha, o lo lee, sabe.

- Piensa en: ¿qué les interesa a los que me leen o me escuchan?, ¿cómo les afecta o beneficia lo que voy a decir?

- Un mantra: decir mis mensajes sirve para que la gente se conecte con lo que cuento.

- Hay que hablar 'gráficamente'.

- Tener cifras poderosas siempre ayuda.

Por ejemplo, no es lo mismo decir: "Argentina, el primer país que legaliza el aborto", que "Argentina, el país latinoamericano preocupado por la salud de las mujeres respecto a la interrupción del embarazo".

Vivimos una época en la que trasciende más poner al público en primer lugar, donde involucremos las emociones del cliente o el usuario, donde la marca beneficie lo tangible, pero también lo intangible. Esto se logra con la inclusión del storytelling en los mensajes de una organización.

Así como una comunicación ineficaz puede limitar una venta, el lenguaje de los periodistas se comporta de manera muy parecida. Ocupar el mismo mensaje en la publicidad que en el storytelling podría ser un error. Al darle tanta comercialidad se perdería la oportunidad de ser un transmisor de historias que tengan beneficios, atributos y funcionalidades propias de lo que queremos compartir.

La preparación del periodista está diseñada para formular cuestionarios que lo lleven a una buena nota, no importa si tiene un tono negativo o positivo. Es por ello que la preparación de un vocero implica explotar todas sus capacidades de comunicación verbal y no verbal para que sus mensajes logren llegar a buen puerto.

Recordemos que el objetivo de acercarse a los medios de comunicación es conseguir un posicionamiento positivo en la mente y corazón de las audiencias. Esto se logra cuando se da un mensaje claro, con información trascendente, veraz, que no sólo tenga dirección racional, sino también emocional, para persuadir y cautivar la atención de los receptores.

Sin más preámbulos, espero que tengan preparadas sus preguntas para mis respuestas. ))

Acerca del autor

# JESÚS MEZA

Egresado de Ciencias de la Comunicación por la UVM con especialidad en Publicidad y Mercadotecnia, cuenta con un posgrado con especialidad en branding por la Universidad Anáhuac del Norte. Consultor en RP y Marketing desde hace más de 17 años para empresas de los sectores de tecnologías de la información, negocios, logística, automotriz, turismo, finanzas y consumo en general. Es director y fundador de la firma CausaEfecto.mx, agencia especializada en posicionamiento de marcas.

"El lobo siempre será el malo si es Caperucita quien cuenta la historia"

—Vox pópuli

# LAS PREGUNTAS CLAVES QUE DEBES RESPONDERTE

José Rodríguez
PERIODISTA Y ESPECIALISTA EN RELACIONES PÚBLICAS

Dicen que la primera vez de cualquier actividad siempre marcará el gusto o aberración que una persona pueda tener hacia esa actividad o hecho. También dicen que la práctica hace al maestro, y una entrevista ante medios de comunicación ejemplifica perfectamente a ambas frases.

Y es que una buena entrevista no es sólo ir con el periodista, tener una conversación y listo. Como todo en la vida se trata de un proceso, al menos de tres tiempos: preparación previa, momentum y la recolección de resultados y análisis.

Las entrevistas son un mecanismo más para poder emitir algo que las empresas y su asesor en comunicación pueden considerar importante. De hecho, contestar a las seis preguntas clave del periodismo puede ayudar a crear el acercamiento perfecto para que el cliente (empresa o vocero) tengan una experiencia positiva y desarrollen un verdadero valor agregado a la sociedad. Estas son:

- ¿Qué vamos a decir?
- ¿Dónde lo vamos a decir?
- ¿Con quién lo vamos a decir?
- ¿Cuándo lo vamos a decir?
- ¿Cómo lo vamos a decir?
- ¿Por qué lo vamos a decir?
- ¿Para qué lo vamos a decir?

Si tenemos claras las respuestas a estos cuestionamientos podemos iniciar el proceso correspondiente de buscar una entrevista en medios, o bien, podemos aceptar una invitación de estos o de alguna personalidad para realizarla.

¿QUÉ VAMOS A DECIR?

No todo tiene la misma trascendencia para todos. Lo que para muchos es un hito, para otros es simplemente intrascendente o, por lo menos, es información que para su público simplemente no significará mucho. Cuando un medio solicita una entrevista, es porque hay un interés específico previo para promover algún tipo de información en un canal informativo específico; es decir, que el medio ya tiene un tema en agenda, lo que te facilita llegar al espacio, pero eso no significa que se facilite el diálogo en lo absoluto.

Cada noticiero o programa atiende a un público específico, con intereses informativos y líneas editoriales particulares, por lo tanto, el mensaje debe ser trascendente y siempre sumar valor, de acuerdo al medio y su auditorio.

Reunir datos duros, cifras, acordar previamente los temas con la producción y los invitados es parte de este proceso. Para ello, los aliados de los que pueden echar mano los publirrelacionistas son: una buena fact sheet, un cuestionario (con respuestas) de los posibles cuestionamientos, perfiles de medios y periodistas e incluso, una hoja de statements (declaraciones, líneas de pensamiento, convicciones).

¿QUÉ QUIERE EL PERIODISTA?

¡LA NOTA! Así de sencillo y con mayúsculas. Los datos duros que puedan respaldar la información, de preferencia exclusiva; poder sustentar la nota con aquello que nadie más ha dicho; un ángulo que no se ha manejado; la novedad; lo que es de interés público, incluso privado, es relevante para los medios.

¿DÓNDE LO VAMOS A DECIR?

Muchas veces por querer reunir los KPIs (índices clave de desempeño) o los resultados prometidos al cliente se buscan entrevistas hasta por debajo de las piedras. Pero ese puede ser un error garrafal, debido a la posibilidad de caer con medios que son poco indicados para los intereses de la cuenta en términos de audiencia, seriedad o rigurosidad informativa, tono que se maneja, ideología sociopolítica y económica del entrevistador. Incluso, la línea editorial podría significar un encontronazo entre el vocero y el periodista.

En diversas ocasiones, al presentar el plan anual de comunicación a los clientes o alguna estrategia se generan altas expectativas. O bien, el cliente se crea sus propias perspectivas de los alcances que puede tener al entrevistado en los noticieros o programas top de las más importantes emisoras de TV, radio, diarios o revistas más populares. Sin duda, esto puede suceder gracias a la capacidad de su agencia de relaciones públicas o de su consultor.

Pero es igual de importante hacer entender que este tipo de espacios no son necesariamente los mejores para posicionar una marca, un discurso o información positiva y amistosa. Basta que miremos la nota principal de cualquier periódico o revista o la nota principal con la que inicia un noticiero de radio o TV. Seamos realistas. La mayoría de las veces son notas negativas, duras, en las que el nombre y credibilidad de una persona, institución o marca se ven comprometidos en serios problemas.

Normalmente los espacios más "vistosos" están reservados por pago o los productores prefieren otorgarlos a quienes tienen temas explosivos, negativos o que generan alguna clase de golpeteo. Acudir a esos espacios sólo es recomendable si se tiene la necesidad de salir a medios durante una crisis mediática y si se tiene previamente toda una estrategia de contención que requiera una contestación en ese espacio en específico. Es responsabilidad del publirrelacionista crear perfiles previamente, tanto del medio como del periodista con quien

Normalmente los espacios más "vistosos" están reservados por pago o los productores prefieren otorgarlos a quienes tienen temas explosivos, negativos o que generan alguna clase de golpeteo. Acudir a esos espacios sólo es recomendable si se tiene la necesidad de salir a medios durante una crisis mediática y si se tiene previamente toda una estrategia de contención de crisis que requiera una contestación en ese espacio en específico. Es responsabilidad del publirrelacionista crear perfiles previamente, tanto del medio como del periodista con quien se podría sostener un encuentro.

Es importante recordar que el periodista está haciendo su trabajo, que es cuestionar, y tiene esa obligación y derecho, de ahí que si se acepta o consigue una entrevista es para que el vocero sea cuestionado, no para que éste realice una especie de inserto comercial.

EL "DÓNDE" MATERIAL

Aunque parezca menor, el lugar físico en el cual se realizará la entrevista es clave para desarrollar un ambiente propicio para una charla exitosa. Debido a la pandemia han cambiado mucho las costumbres al respecto, pero desde hace muchos años han existido las entrevistas presenciales (en foro de radio o video y en lugar público) y a distancia (llamadas telefónicas, video conferencias y hasta e-mail).

La inestabilidad o interferencia en una determinada llamada o videollamada podrían ocasionar fallos en la comunicación y podría generarse "ruido" o cortes que afectarían el mensaje correcto y deseado. Muchas veces hemos visto esos videos donde a la mitad de la conferencia aparece al fondo alguna persona en ropa interior, o bien, los pequeños hacen de las suyas junto a sus mascotas. Por supuesto que es difícil contener tantos factores aleatorios. Pero es necesario prever los más posibles y ser capaces de evitar interrupciones e imágenes o sonidos que puedan ser incómodos y desvíen la atención de los interlocutores.

Cuidar los horarios en los que pasan los servicios cercanos al domicilio e informar en casa que se tendrá una videoconferencia es de gran ayuda. Cerrar puertas y ventanas para aminorar el ruido del exterior y usar audífonos con micrófono permite que los sonidos ambientales muchas veces sean amortiguados.

En cualquier tipo de entrevista, la imagen (vestimenta, corte de pelo, colores, maquillaje, cuidado de la piel y uñas, e incluso la limpieza en general) es clave para generar empatía y promover una comunicación sana, respetuosa y amable. Nunca sabemos a qué elemento de nuestra imagen se podría dirigir la cámara o la mirada para acentuar algún rasgo durante una conversación.

Evitar maquillajes cargados y, si es posible, tener una fuente emisora de luz detrás de la cámara apuntando al vocero, tomando en cuenta si es luz dura o suave a una distancia prudente (realizar pruebas previas a la transmisión) ayudará a dar una imagen aún más profesional del entrevistado.

### LUCES, CÁMARA, ¡ERROR!

"Es mejor llegar a prender la luz, que no llegar ni a apagarla", suele decirse. En cuanto a las entrevistas en foros de televisión y radio —recuerda que muchos programas de radio hoy día también se transmiten en video—, siempre es recomendable preguntar sobre el uso de las tecnologías Chroma Key o Green Screen que manejen en estos escenarios, con la intención de evitar que el entrevistado acuda con un atuendo de cierto color o textura que produzca errores visuales, por ejemplo, donde se sobrepongan imágenes a su ropa.

Asistir a un estudio de televisión, de radio o a una redacción, supone que la mayoría de las veces el programa es en vivo (directo), por lo que intentar acudir en el horario que se establece con la producción (en que se sale al aire) y llegar justo a tiempo puede ser un error garrafal.

Siempre puede haber percances debido al tráfico, algún suceso o evento urbano, manifestación o incluso un fallo en el transporte.

De ahí la importancia de diseñar el trayecto para arribar con, al menos, 15 minutos de antelación.

Ya en el foro es importante tener en mente que la "pose" es innecesaria. Quien expondrá y es invitado es un vocero, no un personaje de la farándula. Dejar la dirección en manos de la producción es lo indicado. Se debe confiar y no intervenir en el proceso de preparación que los especialistas ya han pactado.

Todo tipo de sugerencia y acuerdo debe quedar acordado previo a la entrevista, no solamente los horarios, sino también el tiempo a cuadro, los temas y el enfoque. Es pertinente coordinar hasta la facilidad de estacionamiento. Nunca hay un elemento demasiado pequeño que no valga la pena preguntar o solicitar. No hay peor pregunta que la que no se hace, literalmente.

## ENTREVISTA UNO A UNO

Muchas veces las agendas tanto del periodista como de los voceros y directivos pueden estar demasiado justas. Esto sólo permite tomar tiempos que muchas veces son de índole personal y habilitarlos para situaciones laborales. Ejemplo de ello son las reuniones para comer, desayunar o tomar un café.

En estos casos, es importante buscar un punto de reunión que permita a ambas partes (vocero y periodista) encontrarse en lugares cercanos a donde realizan sus actividades, ubicar los hábitos alimenticios de las partes y dar prioridad a los gustos del reportero, para hacerle sentir mejor atendidos (error es invitar a un reportero vegano a un restaurante de cortes de carne). Se deben evitar restaurantes familiares, de comida rápida, bares y cafeterías concurridas.

Para terminar con las generalidades del 'dónde', es clave evitar a toda costa las entrevistas llamadas "banqueteras" por ser incómodas e improvisadas.

¿CUÁNDO LO VAMOS A DECIR?

El timming es clave para que los mensajes aparezcan en los medios de comunicación.

Muchas veces, los directivos son verdaderos especialistas en derecho, logística, química, medicina o cualquier otra actividad. Sin embargo, de lo que no conocen es de las necesidades y tiempos de los medios periodísticos.

Concientizar a los voceros y directivos de la temporalidad de la noticia es clave para sensibilizarles sobre las necesidades editoriales y, por tanto, de cómo poder dirigir su mensaje en el momento indicado. Para ello, el publirrelacionista debe atender y entender el timming de los medios desde que se desarrolla la estrategia para cada campaña o cuando se atiende una crisis mediática.

Inicialmente, es importante tener en mente lo que pulula en la agenda nacional, internacional e incluso local, e incluso las fechas del calendario. Los medios tienen su agenda de temas, la cual muchas veces está cargada de intereses editoriales, compromisos publicitarios, sucesos noticiosos y temas activos que arrastran todos los focos informativos.

Por ello, al proponer o recibir una propuesta de entrevista hay que verificar qué temas se generan en esas agendas periodísticas y denotar el sesgo o línea para con los temas que se piden o se propondrían exponer en el encuentro.

Por ejemplo, es más fácil que a una empresa que se dedica al cuidado de recursos naturales le tomen una entrevista el Día mundial de la Tierra (22 de abril), que el Día contra el trabajo infantil (12 de junio). Claro, siempre y cuando cuenten con un tema que sea de interés para su público y que ofrezca novedad informativa.

¿Y EL OTRO TIMMING?

Sí, hay otro timming, y es el timming interno de los medios. Si bien, con la llegada de los canales digitales la presentación de la información surge prácticamente al momento en que sucede un acontecimiento, debemos recordar que cada plataforma tiene sus horarios estrella y sus tiempos de actividad que les exigen emitir determinados contenidos en momentos clave.

Los tiempos de una revista, por ejemplo, son un poco más "relajados" si es mensual o bimestral, a diferencia de una publicación quincenal. Pero el corte de información para enviar a preprensa y que inicie su proceso de materialización en papel no perdona, por lo que las editoriales se ven en la necesidad de tener lo antes posible el material que piensan publicar.

Hay revistas que están adelantadas hasta por tres meses en su maquetado, elaboración y circulación. Este proceso no se ve alterado, a menos que ocurra un suceso tan trascendente que pueda significar un cambio de paradigma que afecte a millones de personas.

Los noticieros de radio y televisión literalmente van más que al día, van al momento. Y la máxima del periodismo es: "lo que hoy es noticia, mañana es historia". Esa fórmula es el diario acontecer de las redacciones de periódicos, agencias y demás medios de comunicación.

Los mejores horarios para realizar entrevistas, no son en la mañana, ni en la tarde o mucho menos en la noche. El mejor horario es el pactado entre las partes, siempre dándole un poco más de peso a lo propuesto por el periodista. Hay que recordar que este comunicador es quien posee el marco dónde se quiere poner la información.

¿CÓMO LO VAMOS A DECIR?

Sin duda, estos son los cuestionamientos clave y más importantes para conducir una entrevista. Cada una de estas preguntas las deberá plantear un publirrelacionista que quiera crear un discurso sano, congruente, directo, objetivo y sencillo para que el vocero pueda lucir.

Si bien todos los demás cuestionamientos antes comentados son importantes, estos tres son el corazón de cualquier estrategia en medios. El que expone, se expone, y si no tienes muchas y buenas cosas que exponer serás el blanco de las críticas.

Hasta la mejor y más pactada entrevista bajo acuerdo comercial puede ser un desastre, incluso si el vocero no tiene claros estos cuestionamientos y no ha tenido un buen entrenamiento mediático previo. Es vital prepararse con una lista de *talking points*, cuestionamientos posibles, perfiles de medios y entrevistadores, así como principales datos duros de la empresa y el sector.

El ejercicio de la vocería, y más aún el de la vocería especializada en entrevistas, no es para cualquier persona. Como en cualquier actividad humana, debe haber una vena nata o gusto por realizar dicha actividad, pero las horas de preparación por parte de los directivos para realizar un papel decoroso y digno ante medios de comunicación siempre será la base de un mensaje correctamente enviado.

Cubrir el 'cómo' es a base de preparación, de práctica. El buen vocero no se hace de la noche a la mañana y mucho menos con un solo entrenamiento. Al igual que cualquier deportista que busca el primer lugar dando su mejor presentación, el vocero debe practicar constantemente y presentarse a canales informativos con cierta continuidad para crear experiencia.

NO HAY QUE OLVIDAR

Perfiles y estados de ánimo varios, periodistas con diversas posturas ideológicas, situaciones adversas e inesperadas son siempre parte de esta actividad que puede exigir una sonrisa en momentos difíciles o ser extremadamente respetuosos a pesar de cuestionamientos que pudieran resultar incómodos.

Los entrevistadores seguramente han tenido que sortear tráfico para llegar, posiblemente hayan viajado en un transporte público saturado e incluso no hayan podido tomar algún alimento aún.

Cada persona que está en esa mesa tiene una historia previa que le ha llevado de una u otra forma a ese momento y posiblemente frases y preguntas tan sencillas como: "Es un gusto conocerte", "¿Cómo has estado?", "Me encanta tu trabajo, lo checo siempre en tu sitio o publicación", "¿Qué tal el trayecto?", etc. y mostrarse honestamente interesados en las respuestas, puede crear un vínculo empático y amistoso entre las partes. Simplemente es tratar como nos gusta que nos traten.

En el momento en que la entrevista comienza, el publirrelacionista desaparece casi en su totalidad, sólo participará lo justamente necesario si se requiere precisar datos, para poner al servicio de los representantes de los medios y la vocería facilidades para desempeñar su trabajo.

Grabar la entrevista por parte del publirrelacionista siempre es necesario para posibles aclaraciones, o bien, si hay un problema con la grabación del periodista, se tenga un back-up de seguridad, pero debe ser un acto que esté consensuado y que no interfiera con el proceso.

## EL POR QUÉ Y EL PARA QUÉ

A estas alturas, el 'por qué' y el 'para qué' quizá parezcan innecesarios o redundantes, pero conocerlos siempre da dirección a nuestras acciones. Hay que preguntarse por qué y para qué vamos a crear una estrategia de comunicación que incluya una entrevista. Igualmente, preguntarse por qué vamos a buscar o responder entrevistas, en vez de quizá sólo hacer un boletín o realizar una rueda de prensa, es clave para saber por dónde conduciremos nuestra estrategia.

También es válido reconocer que una entrevista es mucho más "manejable" que una rueda de prensa. Matemáticas simples: es más fácil atender a profundidad a una persona que a un grupo de ellas. Sin embargo, quizá la principal razón para realizar entrevistas por encima de otra actividad surge cuando tienes información exclusiva que quieres compartir con sectores o públicos clave para tu estrategia. Cantidad no necesariamente significa calidad.

No hay mejor forma de dar una propia versión de los hechos que haciéndolo de forma presencial. Como se aderezaba en la entradilla de este capítulo, "el lobo siempre será el malo si es Caperucita quien cuenta la historia", y exactamente por ello es importante dar la cara en medios muchas veces, en especial en momentos de crisis.

La conversación periodística no sólo debe realizarse en momentos de crisis, también es una herramienta que permite dar profundidad cuando se tiene información que ha sido compartida en boletines, pero dándole al comunicador datos que muchas veces no se incluyen o difunden por esa vía. Ahí será donde la creatividad, la inteligencia y el conocimiento del reportero permita crear una nota distinta de las demás.

Finalmente, es importante mencionar que, si la entrevista no sale a cuadro, al aire o publicada, no hay problema. Hay que buscar otras opciones, que el mar está lleno de peces. Pero nunca se debe vender la idea de conceder 'exclusivas' y que, contradictoriamente, el vocero aparezca en todos los medios habidos y por haber. Ser honesto y mencionar cuántas entrevistas se darán siempre trae mejores resultados.

Un buen publirrelacionista tiene como activos principales la honestidad, la prontitud, la prestancia y los conocimientos sobre el mundo periodístico para sus diversos clientes (periodistas, empresas que pagan por sus servicios y la empresa que le emplea) y no puede dejar de lado ninguno de esos factores para brindar un servicio de excelencia. »)

Acerca del autor

# JOSÉ 'PEPE' RODRÍGUEZ

Cuenta con 17 años de experiencia en el periodismo y las relaciones públicas cubriendo las fuentes de política, deportes, espectáculos y especializándose en negocios en temas de minería, aceros y energía. Se ha desempeñado en funciones informativas que van desde el reporteo en la revista Expansión, la coordinación gráfica en la agencia española de noticias EFE, la dirección de redes sociales en instancias gubernamentales, la producción y la locución de programas de radio para internet, podcast, videos empresariales y documentales, a la par de actividades académicas como profesor a nivel universitario y medio superior. Desde 2013 desarrolla su actividad como consultor en comunicaciones en la Agencia Contacto en Medios y es cofundador de Stalkeo Empresarial.

"El lenguaje corporal es una herramienta muy poderosa. Teníamos el lenguaje corporal antes de aprender a hablar, y aparentemente el 80% de lo que entiendes en una comunicación se lee a través del cuerpo, no de las palabras"

—Deborah Bull

# LENGUAJE NO VERBAL EN LA ERA DIGITAL

## Cláudia Mourão
GERENTE EJECUTIVA EN COMUNICAÇÃO E EXPRESSÃO

Ante el escenario actual, en el que las formas de comunicación se han volcado hacia el entorno digital, es fundamental que el representante de una empresa se adapte a la tecnología y aplique técnicas comunicativas efectivas para relacionarse con la prensa y con los distintos interlocutores.

El propósito de este capítulo es favorecer al vocero con algunas recomendaciones para fortalecer la imagen profesional y para el uso asertivo del lenguaje no verbal al interactuar en nombre de la empresa que representa, tanto en eventos presenciales como a través de videoconferencias.

Como puntos destacados, se aborda la conducta comunicativa como elemento de impacto en la imagen del vocero y como punto de conexión con el público; la influencia de los gestos en consonancia con el habla; la empatía del vocero por los interlocutores; el contacto visual, posicionamiento y movimientos corporales durante el habla, de acuerdo con la postura profesional requerida del vocero; la elección de la ropa, que también comunica, y la congruencia discursiva en la era virtual.

Ya sea presencial o virtual, el rol del vocero siempre ha sido de extrema responsabilidad, ya que es a través de su diálogo que el mensaje de su empresa se revela a la prensa y otros grupos de interés, lo que puede generar consecuencias a partir de la forma en que se transmite la información. Las siguientes son consideraciones y recomendaciones relevantes para el desempeño del portador de mensajes clave al público de interés, con el fin de obtener el éxito deseado en su interacción profesional.

COMPORTAMIENTO COMUNICATIVO NO VERBAL

La expresión "la imagen habla más que mil palabras" se repite en muchas campañas de marketing para convencer al público de que compre los productos de una determinada marca. Y la investigación indica que esta inversión en imagen tiene un efecto en el público, lo que lleva a los consumidores potenciales a decidir sobre la compra de un artículo.

A principios de la década de 1970, el profesor emérito de la Universidad de Los Ángeles, en California, Dr. Albert Mehrabian, realizó un estudio que fue ampliamente difundido en las comunidades académicas sobre el impacto de los "elementos de la comunicación" en la receptividad del mensaje por parte de los interlocutores, en situación de comunicación 'cara a cara'. Esta investigación siguió un enfoque que midió el grado de aceptación o no aceptación de la audiencia, especialmente en un primer encuentro, según el uso de esos "elementos", utilizados por el locutor para comunicarse con su audiencia. Los componentes identificados por Mehrabian fueron: elementos no verbales (correspondientes al 55% del impacto producido en la comunicación); la calidad de la voz hablada (causando el 38% del impacto), y el contenido del propio mensaje, (generando un impacto del 7% en el proceso de comunicación del locutor con el público).

A primera vista, puede parecer que el mensaje tiene muy poco impacto en comparación con los otros elementos. Lo que en realidad revela la investigación es que, de acuerdo con el tono de voz y el uso de gestos y posturas, la entrega comunicativa tiene un impacto, favorable o desfavorable, en la comprensión del mensaje.

Reflexionando sobre los elementos comunicativos, se puede ver que los componentes no verbales están influyendo significativamente en la decodificación del mensaje por parte del público. La psicóloga social Amy Cudd, aparece en TED Global 2012, compartiendo los hallazgos de su investigación diciendo que "tu lenguaje corporal moldea quién eres tú". Estamos influenciados por nuestro 'no verbal', nuestros pensamientos, sentimientos y nuestra fisiología. Cudd cita una investigación de la científica social Nalini Ambady, de la Universidad de Tufts, quien demostró que cuando las personas ven clips silenciosos de 30 segundos de interacción real entre médicos y pacientes, su juicio sobre la amabilidad del médico puede indicar si este médico será o no procesado. Esta percepción está más relacionada con cómo se sintieron las personas en la relación con el médico durante la consulta, que con la competencia técnica del médico.

El ser humano hace inferencias y juicios generalizados espontáneamente sobre el lenguaje corporal de los interlocutores. Así, el vocero está expuesto a los juicios del público con el que se comunica. Para atraer la atención y mantener a la audiencia conectada con el portador del mensaje, estos conceptos son útiles para aplicación práctica en el rol de un vocero:

- **Conócete a ti mismo.** Cómo te manifiestas durante tu discurso, qué gestos utilizas, cuáles son tus tendencias en relación con la postura y el posicionamiento corporal durante la interacción. Observa el uso de gestos y, si estos son apropiados para el contexto del habla, y si sirven para apoyar el discurso. Identifica si son gestos útiles o si, al contrario, no complementan su habla y, por tanto, son prescindibles, ya que pueden distraer la atención del público. Reconoce tu propio estilo comunicativo. Comprueba si existen excesos en los movimientos de manos y brazos que puedan transmitir alguna percepción contraria a la intención del contenido de tu mensaje, o si pueden señalar tensión, irritación u otro tipo de sentimiento. Recuerda que tú, como vocero, representas a la empresa y generarás impacto con tu comportamiento comunicativo y actitud profesional hacia tu marca.

- **Evita excesos o mucha intensidad en tus movimientos.** "El cuerpo habla" es también una afirmación defendida por muchos autores. Ya sea en reuniones presenciales o por videoconferencia, presta atención al exceso de movimientos y la fuerza utilizada en la repetición de algún gesto, ya que pueden transmitir información que no deseas, como impaciencia, tensión, malestar con la situación o incluso agresión. Deconstruir una imagen equivocada lleva un tiempo que muchas veces el vocero no tendrá disponible para rescatar su propia credibilidad y la de su empresa. Por tanto, mantener el equilibrio de los elementos marca la diferencia en la congruencia del mensaje con los gestos y posturas utilizados, logrando el objetivo de atraer positivamente la atención y receptividad de su audiencia con una postura asertiva.

- **Elige realizar gestos y movimientos corporales ligeros.** Así como los excesos no son bienvenidos, la ausencia de movimientos corporales y gestos también termina creando un impacto en la entrega comunicativa del vocero. Si tu estilo comunicativo es más objetivo y mesurado, utiliza gestos puntuales y que tengan un significado relevante en consonancia con el discurso, ya que ayudarán a mantener a la audiencia más conectada contigo. Especialmente en las videollamadas, es importante prestar atención a las manos. A medida que te acercas a la cámara, aumenta el tamaño de tus dedos y manos, lo que los hace parecer más grandes de lo que son. Por eso, la recomendación es que hagas gestos suaves y sutiles, como refuerzo del contenido verbal. Se recomienda utilizar gestos indicativos con los dedos en los momentos en que se indica la cantidad. Por ejemplo: "Hay tres eventos que han generado grandes beneficios para los clientes. El primer evento ... "(refuerza con el dedo índice, señalando el primer evento) y así sucesivamente. Otro ejemplo es el uso de gestos congruentes cuando se hace referencia a un evento pasado: gestos con la mano que se mueve hacia atrás, indicando lo sucedido y, al referirse a eventos futuros, gestos hacia adelante que indican eventos que aún están por ocurrir. Este tipo de gestos complementan el discurso, ayudando a generar la imagen mental de lo que se informa y manteniendo la coherencia del vocero de una manera más elocuente y segura.

- **Movimiento y posicionamiento en el entorno.** Cuando te presentes en persona y de pie, mantén la postura sobre el eje del cuerpo: distribuye tu peso corporal en ambas piernas, ligeramente abiertas. Ten en cuenta que tu barbilla esté paralela al suelo. Mantén relajada tu expresión facial, eliminando puntos de tensión, para comunicar receptividad e interés en el interlocutor y el diálogo. Si estás dando una presentación de larga duración, es deseable que elijas una ubicación central, de cara al público y trates de moverte con firmeza y suavidad, ahora hacia la derecha, ahora hacia la izquierda. El desplazamiento funciona para darle dinamismo a la interlocución, pero recuerda tener los momentos de discurso detenidos y manteniendo siempre el contacto visual con tu audiencia. En caso de comunicarse digitalmente, mediante videollamada, mantén el contacto visual con la cámara, ya que transmite la intención de comunicación directa con su audiencia.

- **¿Cómo deben ser los gestos?** Ya sea en persona o por videollamada, los gestos deben usarse con moderación, sin excesos, como se mencionó anteriormente. Da prioridad a los gestos a nivel del pecho, para no extender demasiado los movimientos y desviar la atención de los interlocutores, ya que la audiencia debe centrarse en el contenido del mensaje. No te distraigas sosteniendo algún objeto como bolígrafo, lápiz o cualquier otro que no esté siendo utilizado en la presentación, para no comprometer la atención del interlocutor.

- **Proximidad y distancia.** Cuando te presentes en persona y en entornos interactivos, respeta la distancia de 1 a 2 metros de tu interlocutor. Evita acercarte demasiado para preservar a todos y no generes una percepción de "invasión" de privacidad. Si estás utilizando una videollamada, trata de estar sentado en una silla sin ruedas, ya que hay una tendencia a realizar el movimiento corporal y balancearse en ella, lo que puede indicar tensión o inseguridad. Percibe si estás balanceándote y actúa para detener el movimiento, manteniéndote firme y transmitiendo seguridad.

- **Expresión facial, empatía, rapport (confianza).** Mantén los gestos y la mímica facial en armonía, coherentes con el contenido del mensaje, demostrando consistencia de contenido, tono de voz y expresión no verbal. Esta alineación de los elementos comunicativos facilita el acercamiento de las partes involucradas en el diálogo y se puede establecer la empatía de forma natural, incluso en el caso de temas delicados y controvertidos. Aprende a escuchar: evita interrumpir cuando uno está hablando.

Si necesitas intervenir, hazlo de manera segura y respetuosa, con tono de voz firme, sin agresividad, practicando el contacto visual, mostrando interés genuino. Rapport, una palabra francesa que se puede traducir como 'sintonía', establece un sentido de confianza y respeto entre el vocero y los interlocutores. Su expresión y comunicación deben ser asertivas, dejando claro el interés de la empresa por mantener una comunicación efectiva y obtener la comprensión de los demás sobre su posición con referencia al tema que se aborda.

- **Imagen del vocero (vestimenta adecuada).** El tema de la vestimenta es siempre un punto que genera desacuerdos, dado que existen estilos y preferencias individuales. Algunas empresas crean sus pautas de acuerdo con su filosofía, valores y perfil, y establecen su propia paleta de colores de ropa profesional. Recuerda hacer una breve encuesta sobre tu audiencia y adaptar el atuendo al evento en sí. Evita usar prendas demasiado formales en la comunicación con grupos menos formales, como interacciones con comunidades, estudiantes universitarios o audiencias más informales. De esta manera, es más fácil acercarse y establecer una relación con el público.

En general, es importante resaltar que la vestimenta comunica y se debe elegir algo discreto, cómodo, que favorezca al vocero para que se sienta a gusto y que sea en línea con su imagen profesional. Evita los colores fuertes, los accesorios o la ropa ajustada e incómoda. Pon atención al calzado, que además debe ser cómodo, favoreciendo tu bienestar. En tiempos de pandemia, donde las interacciones se llevan a cabo digitalmente, se debe tener el máximo cuidado con la presentación personal. Casos como el de un juez brasileño que vestía bata, camisa de vestir y corbata, olvidó que tenía las piernas desnudas y, al final del encuentro, se puso de pie sin haberse desconectado de la llamada. Fue visto por las cámaras y su video llegó a las redes sociales, exponiendo su propia imagen y la de la institución.

Son muchos los desafíos que enfrentan los voceros de las empresas, los cuales necesitan estar preparados en conocimientos y técnicas para presentaciones en diferentes escenarios. Sobre todo en este momento en el que la tecnología se convierte en el medio más utilizado para reuniones de trabajo, audiencias, negociaciones y tantas otras reuniones decisivas para las empresas, es fundamental la congruencia discursiva balanceada con la comunicación no verbal para la construcción de una imagen de credibilidad que transmite cada vocero.

Te deseamos éxito en tus interacciones, trayendo cada vez más resultados positivos y exitosos para ti y tu empresa. ›))

Acerca de la autora

## CLÁUDIA MOURÃO

Es gerente ejecutiva en Comunicação e Expressão. Responsable técnica de los programas de Logopedia en la Compañía T&D. Coaching ejecutiva en Mediación de Conflictos, Desarrollo de Liderazgo y de Equipos. Posee más de 13 años de experiencia en Desarrollo Humano vinculado a la comunicación oral y escrita.

"Los influencers no son líderes, pero los líderes sí son influencers"

—Richie Norton

# LLEGARON LOS INFLUENCERS

Ivette Dickinson Galicia
HEAD OF STRATEGY EN SPARKLING
Y COFUNDADORA DE R!DE MARKETING

Toda aquella persona que haya construido una marca sabe que una de las cosas centrales de esa construcción está en concebir la personalidad de la marca misma. Ahí, cuando nos ponemos a pensar en el tono en que habla, en la forma en que se comporta, se comunica, dialoga e interactúa con sus consumidores o usuarios, es cuando creamos su esencia.

Parece fácil y muy 'poético', pero reflexionar sobre estas cosas nos permite realmente articular lo que la marca hace y cómo lo hace en el mundo real, entendiendo que esa realidad no depende de que algo sea virtual o físico, sino lo que hace sentir, pensar y actuar a sus consumidores.

Así, ese ejercicio poético se transforma en algo práctico, algo que se vive en el día a día, algo que un copy, un community o un content hacen realidad cuando activan la voz de la marca.

Con frecuencia, la definición de la 'personalidad de marca' pasa o termina con un ejercicio que ayuda a tangibilizar todo el corazón y personalidad atribuido a ella: si tu marca fuera un famoso, ¿quién sería?

El ejercicio de imaginarnos a este sello como alguien célebre no es algo menor. Como mencionaba, facilita el hacer tangibles y aterrizar las respuestas a las preguntas de ¿Cómo es la marca? ¿Qué les dice a sus usuarios o consumidores? ¿Cómo habla con ellos? ¿Es cercana como un amigo o quizá más experta y confiable como un médico?

La definición de esta marca requiere cumplir con la condición más importante en la creación de un personaje: debe ser congruente, creíble y consistente. Sus valores importan y la definen; sus objetivos deben estar alineados a su forma de comportarse y su personalidad debe trasladarse consistentemente sin importar el canal por el que comunique... aun cuando ese canal no sea el suyo; aun cuando la voz que habla por ella sea la de alguien más.

## PASAR EL MICRÓFONO

Estamos en el 2021 y sabemos que hoy, más que nunca, las personas somos movidas e influenciadas por la recomendación de otros seres humanos, ya sean nuestros pares o individuos a los que por alguna razón admiramos, o en los que confiamos. Llamaremos a esas personas 'influencers'.

En el mundo de la publicidad, el marketing y los medios, darle la voz de una marca a una persona en particular no es nada nuevo; sabemos que la finalidad es que esa persona, con la conexión emocional, la credibilidad y la influencia que tiene sobre sus audiencias, le traslade parte de esos valores a nuestra marca y tal acto genere un deseo: "Yo también quiero tenerlo, experimentarlo o probarlo". ¡¡Misión cumplida!!

Hay muchas formas de clasificar a los influencers, pero sin duda nos enfrentaremos a alguna de estas posibilidades:

- Usuarios que no tienen fama ni fortuna, pero que interactúan entre ellos y tienen el súper poder de la cercanía con sus pequeñas comunidades: son los citizens o microinfluencers.

- Usuarios que tienen una especialidad o un expertise determinado, con una voz de autoridad en una comunidad o círculo. Sus comunidades no son las más grandes, pero son especializadas, enfocadas o altamente interesadas en el tema sobre el que gira su conversación. Su súper poder es la credibilidad.

- Los influencers más destacados son usuarios que gozan de una fama en el ámbito digital, que normalmente hablan a comunidades muy extensas de temas más generales, cuyas audiencias son de un perfil sociodemográfico más o menos homogéneo, aunque sus intereses sean muy diversos. Su súper poder es su alcance y su engagement, o conexión emocional con sus audiencias.

- Muchos de esos influencers se convierten en celebridades, es decir que aparecen en contenidos, medios y canales que ya no son exclusivamente los suyos o los de su red; son objeto de la cobertura mediática y de la amplificación de sus mensajes por medios que no son exclusivamente los propios. Ahí ya vemos el "nivel dios" del súper poder del alcance.

La decisión, entonces, de qué tipo de influencer es el correcto para abanderar nuestra marca en un momento determinado, pasa por tres elementos centrales:

- Esa persona debe compartir los valores de la marca y trasladarlos a su comunidad. Bajo ninguna circunstancia podemos entregarle la voz de nuestra marca a alguien que se contrapone a los valores más esenciales de la misma.

- Es fundamental considerar qué objetivos puntuales tiene nuestra campaña para hacer la correcta elección. En el espectro más amplio, muchos tipos de influencers pueden ser un buen match para la marca, pero eso no los hace los correctos para una campaña, por ejemplo, con un objetivo de consideración o incluso de conversión.

- El acuerdo con un influencer debe ser siempre ganar-ganar. Como marca, nos veremos beneficiados por la reputación del influencer elegido, y como influencer, ella o él deben poder entregar un mensaje que les ayude a mantener —si no fortalecer— su vínculo con la comunidad.

CAMPAÑAS, OBJETIVOS E INFLUENCERS

En sus inicios, las activaciones con influencers estaban dedicadas exclusivamente a la creación del conocimiento de marca, de la cercanía o consideración. Se pensaba que los influencers no podían influir directamente en las últimas etapas del funnel de conversión.

Pero, en realidad, hoy sabemos que esa visión tenía más que ver con la incapacidad de medir los resultados y de entregar las herramientas tecnológicas que permitieran atribuir esas conversiones. Hoy, si la estrategia de la marca es tener un grupo de influencers que promueve sus productos, puede sin duda crear links personalizados que hacen la medición de la actividad de las comunidades sobre esos perfiles, desde las visitas hasta las conversiones.

No son pocos los retailers que han activado ya estrategias permanentes de conversión a un grupo de influencers que han demostrado ser capaces de entregar ventas directas. Con el crecimiento del e-commerce a partir de la pandemia del 2020 se espera que esta tendencia crezca de forma importante.

No todas las categorías ofrecen la misma posibilidad de conversión y no todas las marcas podrán beneficiarse de eso. No es lo mismo derivar una venta de una prenda de vestir que cuesta 200 dólares, que de una lata de soda de 1 dólar. Pero el social commerce, impulsado en la punta de la pirámide por influencers destacados en las comunidades impactadas, ha venido a demostrar que las partes más bajas del funnel también pueden ser atacadas exitosamente con estas estrategias.

INFLUENCERS, MENSAJES Y COMUNIDAD

Aceptemos aquí y ahora una cosa: a los guardianes de una marca les aterra soltar el control. En la mente del brand manager pocas cosas se equiparan a su foco total en evitar cualquier tipo de crisis, pero sin concesiones. Debemos entender que cuando trabajamos con influencers no está en nuestras manos dictar la ejecución, aunque sí podemos y debemos dialogar sobre los mensajes y llegar a acuerdos sobre esto.

Por ello, es fundamental que la marca genere un brief claro que le permita a los generadores de contenido entender el objetivo central de la campaña y las expectativas de la marca, desde *dos & don'ts* hasta los mandatorios de las ejecuciones, considerando que:

- Los influencers tienen su propio estilo y forma de conectar con sus audiencias. Es por ello que los estamos buscando, así que lo ideal es que ellos adapten nuestro mensaje de marca a la forma en que saben que conectará con sus audiencias.

- Cuando las marcas imponen ejecuciones, la comunidad no logra conectar con esos mensajes; entre menos personalizado y más pagado se vea, menos eficiente será.

- Los influencers tienen sus propios canales y saben sus fortalezas; las ejecuciones deben estar adaptadas a esos canales y formas de comunicar de cada plataforma.

- La frecuencia es un factor importante que considerar sobre las audiencias que queremos impactar. Una campaña consistente es preferible a las menciones sueltas o ejecuciones únicas que difícilmente construyen credibilidad o cercanía.

- Los resultados de las campañas de influencers se pueden —y deben— medir a partir de los objetivos que se hayan definido.

- Las marcas deberán establecer dinámicas que les permitan capitalizar lo más posible el contenido generado por estos influencers. Esto incluye la posibilidad de retomar esos contenidos, de usarlos comercialmente o de interactuar con ellos; todo esto debe negociarse previamente con los influencers.

GESTIONAR LA RELACIÓN MARCA - INFLUENCERS

La gestión de las campañas de influencers implica un esfuerzo de parte de la marca para considerar todo lo que hemos mencionado: hay que hacer un brief articulado, claro y que traslade de forma comprensible las necesidades y objetivos de la campaña. Hay que gestionar la aprobación de los mensajes; asegurar la correcta programación y publicación de todos los contenidos; monitorear que las ejecuciones se hayan realizado en tiempo y forma; recabar los testigos y obtener las mediciones de cada ejecución... ¡pffff!... suena agotador y complicado.

Para que todo salga lo mejor posible en la activación de la campaña, algunas recomendaciones en este sentido son:

- Apoyarse en expertos y especialistas. Hay agencias y plataformas especializadas, así como expertos en la gestión de influencers para las marcas. Entregar este apartado a este tipo de entidades hace sentido, especialmente cuando estamos hablando de un alto volumen de ejecuciones o perfiles; o bien, gestionar directamente con los managers de los influencers más destacados o celebrities. Si bien destinaremos un porcentaje de la campaña a pagar por los servicios de estos intermediarios, esto nos puede facilitar las ventajas que de otra forma serían complicadas, como: lograr una convocatoria con los perfiles correctos para las campañas; lograr mejores negociaciones de tiempos y precios, y aterrizar briefs más comprensibles para los generadores de contenido.

- Usar plataformas tecnológicas. El uso de plataformas tecnológicas que automatizan y facilitan desde la gestión hasta la medición y el pago, especialmente cuando estamos hablando de microinfluencers y expertos, facilitan enormemente la labor, y sobre todo tienen la enorme ventaja de poder asociar KPIs a las ejecuciones, lo que nos permitirá tener más claridad de qué tanto éxito se está logrando, y por lo mismo permiten optimizar los presupuestos.

Plataformas como Fluvip o Voxfeed nos permiten subir el brief, además de autorizar desde ahí y darle seguimiento a toda la campaña, entregando reportes unificados. Normalmente ellos no cobran comisiones a los clientes; su costo está incluido en los costos de los influencers.

- Crear un "escuadrón" de colaboradores recurrentes. Muchas veces, la estrategia de la marca puede considerar la participación constante y recurrente de ciertos perfiles, que estarán participando en un periodo de, por ejemplo, un año o una campaña de larga duración. Este escuadrón trabaja junto con el equipo de la marca y su nivel de involucramiento con la marca misma es mucho mayor que los influencers que se contratan para una campaña o para una única activación. Aquí conviene que estos perfiles sean elegidos no únicamente por sus audiencias y tipo de contenidos o comunidades, sino por sus valores y por lo que cada uno de ellos aportará a la narrativa de la marca. En ese sentido, lo ideal es que no sean redundantes, sino complementarios.

INFLUENCERS & UGC (USER GENERATED CONTENT)

En la actualidad, las marcas que más se respetan no son necesariamente las que más presupuesto tienen, sino las que cuentan con el respaldo de sus comunidades.

¿Por qué? Quizá tiene que ver con que nos parece que el digital es un diálogo más abierto, más transparente que el de los "medios masivos" en donde prácticamente todo tiene una intención que no conecta exactamente con las experiencias y necesidades de las personas, sino con los intereses de las marcas en sí. Si algo hemos aprendido de la comunicación digital es que las marcas necesitan entablar una comunicación abierta y lo más auténtica posible con sus usuarios, consumidores y comunidades. Cualquiera que lo dude sólo necesita hacer una búsqueda de su marca para darse cuenta de que, con frecuencia, los mensajes que más visibilidad tienen son aquellos que muestran oposición.

Esta reflexión es relevante, porque para mantener su credibilidad, reputación y desempeño, una marca ha de tener una buena cantidad de contenido generado por personas reales, con experiencias reales: contenido generado por personas que han confiado, que han tenido una experiencia positiva, que han participado en la creación de valor de la marca, que conviven con ella y la adaptan a su día a día.

Es verdad que los usuarios digitales preferimos creer en las recomendaciones de alguien más por encima de lo que dicen las marcas de sí mismas o lo que opinan los medios más tradicionales. Por el simple hecho de ver que alguien está usando un producto, nuestra mente lo considera superior a otro que nunca hemos visto en un contexto cotidiano. Tener más *reviews* positivos de un producto o servicio hará más probable que nos decantemos por ese en lugar de otro cualquiera.

- La mejor forma de enseñarle a alguien que usar una app es lo más sencillo e intuitivo, es que se la muestre un usuario.

- La mejor recomendación de una obra o una película provendrá de quienes consumen esos contenidos todo el tiempo.

- La mejor evaluación de un producto cosmético es la de una persona que ha probado miles de ellos.

- La mejor crítica de un evento o de una comida en un restaurante, es la que viene de aquellas personas que han vivido una experiencia significativa en ese contexto.

En ese sentido, la recomendación es que el mismo empeño que creamos en la comunicación de un concepto o de una campaña, lo pongamos en construir experiencias extraordinarias para los influencers que generarán el contenido y para cualquier persona que tenga contacto con nuestra marca.

Un contenido extraordinario sólo resultará de una experiencia del mismo nivel; de un involucramiento con la marca más allá del transaccional y de la capacidad del influencer de conectar profundamente con lo que queremos que comunique.

ENTONCES, ¿QUÉ DEBEMOS RECORDAR?

- La marca puede y debe ceder el micrófono para que otros hablen de ella, siempre creando los espacios ideales para ello, eligiendo a las personas que compartan sus valores.

- Hay diversos tipos de influencers. Cada uno de ellos tiene un súper poder que puede ayudar a nuestra marca. Para ello, hay que tener muy claros los objetivos de la campaña cuando los elijamos.

- Construir una marca que genere conocimiento, cercanía, consideración, lealtad y conversión, requiere en este 2021 de comunidades activas que demuestren el valor de la misma.

- Si vamos a activar una campaña o colaboración con influencers debemos poder ceder el control de las ejecuciones: sí alinearlo, supervisarlo y aprobarlo, pero no dictarlo, porque mataríamos el valor del influencer.

- Podemos apoyarnos en expertos y plataformas especializadas; si son los socios correctos, sin duda, aumentarán el valor percibido y el éxito de la campaña, así como la visibilidad de los logros, tanto hacia nuestras audiencias como hacia el interior del equipo.

- Para que los influencers puedan generar un contenido extraordinario que conecte y convenza a sus audiencias nos debemos encargar de entregar experiencias extraordinarias.

- Cualquier esfuerzo que se realice con influencers, puede y debe ser medido con la misma rigurosidad con que se miden el resto de las campañas, para garantizar que las inversiones estén trayendo el resultado esperado.

- La gente ya está hablando de nuestra marca, es indispensable crear y articular los mensajes positivos creados por usuarios, que apoyen y fortalezcan la propuesta de valor de nuestro sello. •))

Acerca de la autora

## IVETTE DICKINSON GALICIA

Es Head of Strategy en Sparkling y cofundadora de R!DE Marketing; es periodista de formación, con estudios en Sociología y Ciencia Política, Psicología Clínica y diversos diplomados internacionales enfocados a narrativa transmedia, marketing digital, estrategia de contenidos y liderazgo en innovación. Apasionada de las interacciones digitales lleva más de 20 años innovando en la generación de contenido y estrategias de conexión para marcas líderes de México y Latinoamérica, en ámbitos de consumo masivo, servicio, experiencias y medios de comunicación.

"Por ahí anda un grupo de personas que se venden como expertas en relaciones públicas y expertas en hacer 'entrenamiento en medios' a figuras públicas."

—A. Solis

# PERIODISMO
## Y RELACIONES PÚBLICAS O CÓMO CONTAR BUENAS HISTORIAS

Andrés A. Solis
PERIODISTA Y CONSULTOR
EN COMUNICACIÓN ESTRATÉGICA

Las relaciones públicas son un área fundamental para cualquier organización sin importar si ésta pertenece al sector público, privado o social. Las marcas, las organizaciones, las oficinas de gobierno, necesitan contar con un área especial que las acerque a la sociedad, ya sea que la aprecien como clientela, audiencia, beneficiaria o ciudadanía.

Pero las relaciones públicas no son todo ni son la única ruta, más bien deben ser parte de un modelo integral de comunicación pública que involucra a diferentes perfiles profesionales.

A veces parece que hay organizaciones que no han reflexionado lo suficiente sobre lo necesario que es tener un diálogo permanente con las personas.

Peor aún, muchas organizaciones, especialmente marcas y empresas privadas, creen que no necesitan dialogar con las personas comunes y corrientes y por eso dejan la tarea de comunicación sólo a su área de Relaciones Públicas (RRPP) que a veces prioriza la equivocada idea de que la estrategia debe limitarse en acercar a la marca sólo con personas importantes y líderes de opinión. Este puede ser el inicio de algo poco positivo.

Antes de continuar es importante aclarar algo: No existen las cadenas de errores. Existe un solo error y lo demás son consecuencias.

Entonces, ¿dónde nos ubicamos para ver nuevas perspectivas que fortalezcan nuestra comunicación y por ende nuestras relaciones públicas?

LAS TRES RUTAS

Recordemos que no hay buena ni mala comunicación; hay comunicación efectiva, y todo lo demás.

La comunicación efectiva y asertiva comienza con el público, no con el mensaje. Primero debemos conocer a nuestra audiencia; aprender a diferenciarla, fragmentarla y entender sus necesidades de información, de consumo o de atención. Esto significa que no existe esa cosa extraña que la literatura llamaba "público en general"; como tampoco existe la famosa "masa crítica". Hay tantos públicos como segmentos podamos encontrar. Grupos etarios, socioeconómicos, políticos, ideológicos, tecnológicos, religiosos y cada uno de estos se convierte en una "masa crítica" por sí solo, que además coquetean con otros, pues una sola persona pertenece a dos o más grupos al mismo tiempo y consume información de manera diferenciada.

No olvidemos que la comunicación debe ser horizontal y que la verticalidad se rompió gracias a la irrupción del internet, donde todas las personas por igual son productoras y consumidoras de contenidos. Una marca u organización que cree que las audiencias están sentadas esperando sus mensajes es una marca u organización que se quedó en la primera mitad del siglo pasado.

A esta fragmentación de audiencias debemos agregar dos sectores que representan un alto valor en la construcción de imagen y reputación.

El primer sector lo integran las personas que pertenecen a nuestra organización. El modelo tradicional de las relaciones públicas olvida al capital humano que construye las organizaciones, bajo la premisa que las RRPP son "hacia afuera". Creer que las personas que integran nuestros equipos de trabajo siempre "se pondrán la camiseta" y serán leales por naturaleza puede ser la antesala para que desde adentro tengamos una crisis de reputación y hasta una crisis de medios.

El segundo sector son precisamente los medios de información, la prensa escrita, la radio, la televisión y ahora con mayor intensidad los medios digitales, especialmente los medios nativos digitales y emergentes que compiten con la prensa corporativa y comercial.

Entonces, pensemos que nuestras estrategias de comunicación y relaciones públicas deben caminar en forma paralela por tres carriles: el de la comunicación interna, el de la comunicación social y el de la comunicación con medios y periodistas; y en este texto en particular me quiero concentrar precisamente en esa tercera ruta, la del manejo de medios, que de entrada es un concepto equivocado.

NO EXISTE LA MALA PRENSA

¿Por qué no existe la mala prensa? y ¿por qué es incorrecto hablar de manejo de medios?

No puede existir la mala prensa, existe la prensa a secas. Cada medio tiene su propia línea editorial y postura ideológica, y cumple una misión social que es la de ofrecer a las personas información de interés público que les ayude a tomar mejores decisiones en su día a día: desde la decisión de salir con paraguas en mano, si se difunde el estado del tiempo, hasta invertir en bienes y servicios o votar en un proceso electoral.

El trabajo de medios y periodistas está en documentar los abusos del poder y la corrupción, ya sea gubernamental, del sector privado o de las organizaciones sociales y por lo tanto obedece a criterios, procesos y una metodología específica para la construcción de la información a partir de hechos verificables. En años recientes el periodismo en México ha ido evolucionando en sentido positivo y está dejando de lado la mala práctica de reproducir declaraciones y comunicados de prensa y se está concentrando cada vez más en la investigación a fondo de los sucesos que le son importantes a las personas.

Por eso no existe la mala prensa. Lo que hay son malas acciones de personas y organizaciones de los que la prensa se entera y por tanto los publica. Calificar a la prensa como "buena" o "mala" dependiendo de cómo hable de mí, sólo transfiere la culpa de los yerros propios a un buen trabajo periodístico.

Ninguna organización debe esperar de manera anticipada que medios y periodistas le tratarán bien, que le adularán o le brindarán porras efímeras por el simple hecho de tener un nombre. Los medios y periodistas están en la búsqueda permanente de información de interés público y de buenas historias, no están en el interés anticipado de adular a nadie.

Bajo esta premisa es que tampoco existe eso del 'manejo de medios'. En los países democráticos nadie maneja a los medios ni les impone su agenda. Cada medio asume su derecho a hacer el periodismo profesional que le convenga, le guste o no a las fuentes de información. En vez de querer contar con políticas para el manejo de medios, lo que debemos hacer es ofrecer información útil y de interés público que la prensa y las y los periodistas puedan publicar.

EL ENTRENAMIENTO EN MEDIOS

Una vez aclarado que no existe la mala prensa y que es incorrecto el concepto del manejo de medios, entonces ¿de qué hablamos cuando nos referimos al "entrenamiento en medios"?

Sin demeritar los esfuerzos de muchas personas muy talentosas, he visto durante años que connotadas figuras de las RRPP se venden como grandes expertas en el entrenamiento de medios y cobran exorbitantes cifras por engañar a sus clientes, que siguen creyendo que es más importante pagarle a la gran agencia que buscar realmente a quien pueda enseñarles a nuestras figuras públicas sobre cómo deben conducirse ante los periodistas.

Insisto, no pretendo descalificar el trabajo de muchos y muchas profesionales de las RRPP que me consta hacen una gran labor; sin embargo, si es importante poner por delante que cuando hablamos de cómo relacionarnos bien con las y los periodistas, ¿quién mejor que alguien que se dedique a esta actividad profesional?

Quienes hacemos periodismo entendemos perfectamente cómo funcionan los medios, cuál es el proceso de construcción de la noticia; nos movemos permanentemente en eso que llaman *timing* y tenemos un gran catálogo de fuentes de información, tanto proveniente de personas como de naturaleza documental.

Las y los periodistas sabemos muy bien qué información estamos buscando y sabemos dónde encontrarla. Nunca dependemos de la declaración de una sola persona, y si buscamos una entrevista es sólo para confirmar lo que ya sabemos.

Cuando alguien ofrece hacer entrenamiento en medios termina haciendo exactamente lo mismo que su competencia. Concentran sus baterías en hacer simulacros de entrevista en televisión con algún o alguna periodista que la conduzca. Enseñan a vestirse para la ocasión, a modular el tono de su voz y dicen enseñar lenguaje no verbal y corporal. En el peor de los casos diciéndole a sus clientes que volteen a ver hacia la cámara para hacer algún apunte importante.

A veces quieren enseñar cómo enfrentar una entrevista de esas llamadas "banqueteras" y que las y los periodistas llamamos más bien "chacaleos", pero el aprendizaje se sigue centrando en el formato de pregunta-respuesta.

Este es un entrenamiento incompleto, a medias, y con probables deficiencias de origen, pues quien dice 'entrenar' normalmente nunca ha hecho una entrevista en el mundo real; nunca ha conducido un noticiario de televisión ni ha salido a "reportear" y buscar la nota del día. Una gran cantidad de personas que dicen entrenar en medios carecen del conocimiento, metodología y técnicas suficientes que las y los periodistas profesionales sí tienen.

Si desde las relaciones públicas lo que se busca es que una persona pública aprenda a tener una buena relación y un mejor desempeño ante medios y periodistas, entonces no se trata de entrenar, sino de capacitar, de darle a la persona las capacidades y habilidades de comunicar de mejor manera. Por eso hablamos de formación de "voceros".

Cualquier persona comunica, pero hay quienes cuentan con más y mejores habilidades para hacerlo. Pero cuando hablamos de figuras públicas, entonces tenemos que darles herramientas para que puedan crear sus propias habilidades y capacidades de comunicación.

Capacitar a una persona en esta materia es muy importante porque de esto depende su imagen pública y su reputación. Es más importante el mensaje que quiere posicionar que su manera de vestir o la impostación de su voz.

La formación de voceros debe iniciar con el proceso de comunicación, volteando a ver a la audiencia y la primera audiencia es precisamente la persona a la que se va a capacitar.

No podemos imponer reglas ni fórmulas a todos por igual. No podemos decirle a alguien que lo vamos a entrenar como entrenamos a otra persona que piensa diferente, que actúa diferente, que vive en una realidad diferente. La formación de voceros comienza con la identificación de las habilidades de cada quien, con el perfil de personalidad de cada individuo, su estilo de comunicar, su estilo de relacionarse con su medioambiente, y a partir de este conocimiento, entonces vamos moldeando al sujeto para que aproveche al máximo sus capacidades.

El siguiente paso es capacitar a nuestra figura pública en el manejo de información. Sabemos que nuestros líderes y lideresas son expertos en su tema, pero no quiere decir que tengan las habilidades de comunicar todo ese conocimiento. En este sentido debemos ayudarles a tener un discurso conciso y preciso, a hablar con frases cortas, con enunciados simples y presentando una sola idea a la vez.

Una persona que habla de manera simple y precisa no sólo da un mensaje claro para cualquier audiencia, le da al periodista lo que llamamos el *bite*, es decir, la declaración de 20 segundos que aparecerá en la nota de radio o televisión. Un entrevistado que habla mucho y dice poco, obliga a los periodistas a trabajar de más, y por lo tanto pierde interés.

Hasta aquí podemos ver que el entrenamiento en medios debe ser más bien una capacitación de comunicación efectiva, basada en el fortalecimiento de las propias habilidades de cada persona, no pretendiendo imponer guiones ni actitudes que no son propias de alguien.

Resuelto eso, debemos avanzar en la capacitación sobre el conocimiento de la naturaleza del periodismo. No le vamos a enseñar periodismo a nuestros voceros y voceras, les vamos a explicar cómo funcionan los medios, qué es lo que buscan las y los periodistas y entonces ayudarles a establecer una buena relación profesional. No se trata de enseñarle a nuestras figuras públicas a ponerse a la defensiva ni a tener una actitud de negación permanente ante la prensa.

Después ya podremos darles herramientas para que puedan tener una buena entrevista en televisión, pero también para medios radiofónicos, para medios impresos y digitales, y hasta para tener entrevistas vía streaming en redes sociodigitales que son muy diferentes a las de la televisión.

Cuando explicamos a nuestras figuras públicas cómo se conducen las y los periodistas entonces comprenderán mejor su trabajo. Hay que explicarles que la prensa no es su adversaria, pero tampoco su aliada de facto; la prensa tiene su propia lógica y conocerla nos ayudará a aprovechar los mejores momentos para insertar nuestros temas y mensajes.

Se trata también de tener la información clara y precisa que le sirva a cada periodista, y que al mismo tiempo nos permita posicionar nuestras posturas, nuestras ideas. Debemos fortalecer las capacidades de nuestras figuras públicas para poder "dar la nota" y no sólo hacer una declaración o leer un pronunciamiento.

Nuestras marcas y organizaciones deben transitar de ser sólo fuentes de información a convertirse en líderes de opinión, para que medios y periodistas nos busquen cada que necesiten hablar de nuestros temas.

## CONTAR HISTORIAS

Estas reflexiones previas nos muestran que la relación con medios y periodistas se debe ir construyendo todos los días, pero no será suficiente si sólo la vemos desde una postura reactiva. Es equivocado querer buscar y acercarnos a la prensa sólo cuando corremos el riesgo de enfrentar una crisis y sólo cuando algún reportero o reportera nos busca para pedirnos información.

La comunicación debe ser proactiva. Una buena estrategia va más allá de tener "copys creativos" para redes sociodigitales o campañas millonarias de publicidad. La comunicación efectiva debe basarse en nuestra capacidad de contar nuestras propias historias.

Aquí es donde el periodismo vuelve a ser relevante y donde vuelve a convertirse en una herramienta importante para la comunicación y las relaciones públicas.

Las audiencias están acostumbradas a consumir noticias constantemente. No importa si leen el periódico, si escuchan noticiarios de radio o si reciben resúmenes en sus dispositivos móviles.

La desinformación ha sido un fenómeno permanente desde antes de la existencia del periodismo moderno, pero este fenómeno lo hemos visto cada vez más cerca a raíz de las campañas presidenciales en Estados Unidos en 2016, y a partir de la pandemia por Covid-19, a finales de 2019. Tanta información falsa, alterada o manipulada hizo que las personas volvieran a confiar en los medios tradicionales y en el periodismo profesional. A nivel mundial, los niveles de credibilidad de la prensa han llegado nuevamente a niveles superiores del 80 por ciento.

El lenguaje de la prensa es un lenguaje conocido por la sociedad y que además le sirve porque está construido de manera simple y sencilla. En pocas palabras o minutos la audiencia se informa de lo que sucede a su alrededor. Por eso, desde nuestras organizaciones debemos aprender a hacer periodismo con visión institucional para construir mensajes e historias acompañadas de datos e información útil que muestra lo que hacemos. Las oficinas de gobierno aprendieron que en vez de tener propagandistas en sus filas, necesitaban periodistas que en vez de hacer boletines de prensa, redactaran notas informativas y por eso ahora quienes ocupan las direcciones de comunicación social son periodistas con experiencia en los medios.

Lo mismo debe suceder en los sectores privado y social. Las organizaciones, las marcas y las empresas deben rodearse de periodistas con amplia experiencia y trayectoria que les ayuden a construir noticias y reportajes de interés para nuestras audiencias cautivas que sí esperan conocer más sobre lo que realizamos y no sólo lo que opinamos.

Periodistas con oficio en medios impresos, radio, televisión e internet pueden, además, crear contenidos breves de alto impacto y utilizar su conocimiento de las diferentes plataformas para adaptar un solo mensaje a cada uno de los medios que empleamos para llevar información a las audiencias.

El periodismo es y debe ser una herramienta para las relaciones públicas en un mundo donde ya ha sido demostrado que, acciones como organizar cocteles y citas de café, son insuficientes para comunicar de manera efectiva y posicionar a nuestras organizaciones en la opinión pública. ))

Acerca del autor

# ANDRÉS A. SOLIS

Periodista y consultor en Comunicación Estratégica. Autor del capítulo "Periodismo Digital y Comunicación Política", del libro *Cumbre de Comunicación Política 2014*, texto ganador del Victory Award 2015 al mejor libro de comunicación política. Autor del *Manual de Autoprotección para Periodistas* y de la *Guía de Buenas Prácticas para la Cobertura Informativa sobre Violencia*.

"El cambio es incesante e implacable. Por tanto, la mejor estrategia es aceptarlo y evolucionar"

—Seth Godin

# EL NUEVO PAPEL
## DE LAS AGENCIAS DE RELACIONES PÚBLICAS
# BOUTIQUE

**Jenny Ochoa**
FUNDADORA Y CEO DE 8ARP & COMUNICACIÓN

**María Dolores Montes**
SOCIA Y DIRECTORA DE CUENTAS
DE 8ARP & COMUNICACIÓN

La velocidad se impone. Ha pasado año y medio desde que inició la pandemia de Covid-19, situación que nunca llegamos a pensar que cambiaría por completo la forma de relacionarnos y nuestras esferas de acción personal y laboral. La principal característica de esta nueva comunicación es que exige mayor velocidad de respuesta que antes.

Nos vimos empujados a adentrarnos en el mundo digital de una forma más profunda, y hemos estado aprendiendo cómo crear —en este entorno— algo parecido a lo que conocíamos como nuestras formas tradicionales de comunicarnos.

La famosa carretera de la información hace que cambiemos de velocidad en un ambiente con nuevas reglas que en cuanto parecen definirse, continúan su transformación, y en muchas ocasiones nos sobrepasan a ritmo acelerado.

El cambio alcanza, de manera muy acusada, a los profesionales de la comunicación y las relaciones públicas. Las discusiones del sector se centran en la redefinición de estrategias y tácticas para adaptarse a las nuevas necesidades de los clientes en el mundo pospandemia.

Si bien existen clientes para todo tipo de actividades y servicios, y hasta hace un tiempo las experiencias eran genéricas, hoy lo multitudinario está dando paso a lo exclusivo. Cada cliente requiere una experiencia personalizada desde el primer contacto. En el mundo de las Relaciones Públicas (RRPP) esto se observa también en la existencia de servicios boutique. ¿A qué nos referimos con ello?

¿QUÉ HACE BOUTIQUE A UNA AGENCIA DE RRPP?

En su origen, como vocablo francés, la palabra 'boutique' se refería a una tienda pequeña de ropa y con productos refinados y de moda; sin embargo, con el tiempo esta palabra se ha convertido en una categoría que alude a un servicio exclusivo y selecto.

A diferencia de las agencias de grandes trasnacionales o corporativos nacionales que han crecido en reputación y colaboradores, las agencias boutique de RRPP están conformadas por estructuras pequeñas con equipos de profesionales que van desde 2 hasta 10 personas.

Estos grupos unen sus talentos y fortalezas potenciándolos y convirtiéndolos en propuestas de valor para sus clientes. Al tratarse de equipos con una estructura horizontal, la toma de decisiones es más rápida y se evitan largos procesos de consulta con varios involucrados (ejecutivos, gerentes, etc.).

En este sentido, cuando hablamos de una agencia de RRPP boutique, nos referimos a la posibilidad de que nuestros clientes cuenten con un equipo senior para escuchar sus necesidades, transformarlas en una propuesta integral y ejecutar un plan a la medida.

Por su parte, la dinámica cotidiana en las grandes agencias descansa en el valioso trabajo que realizan los ejecutivos de cuentas y trainees en conjunto con ejecutivos senior y directivos.

Uno de los principales retos de los profesionales de este sector es asesorar y ayudar a nuestro cliente a descubrir cómo comunicar el valor de sus marcas. Debemos acudir a nuestra creatividad y habilidades comunicativas para dar una respuesta a sus necesidades.

Estamos convencidas de que siempre existe la agencia correcta para el cliente correcto: la clave es la compatibilidad de equipos.

En las agencias boutique, el tiempo de calidad es una prioridad donde clientes y agencia ganamos. Un equipo pequeño optimiza al máximo sus recursos y esto implica una buena planeación de las actividades necesarias. Se trata de dar respuestas precisas al cliente, y ello implica ser realistas en cuanto a los alcances y el tiempo que requiere cada proceso.

En una agencia boutique, el grado de cercanía que se genera con cada cliente es elevado y crea un nivel de compromiso y sentido de pertenencia (*sense of belonging*) al proyecto que representa cada uno de ellos.

El mismo equipo que hace el pitch, desde el día uno es el que atenderá cotidianamente al cliente si se gana la cuenta. Esto tiene un impacto positivo en la confianza entre las partes, y la libertad de acción del equipo de RRPP.

ENTORNO DE MEDIOS POSPANDEMIA

Estamos llenos de estímulos y de información que a veces rebasa nuestra capacidad de análisis y discernimiento, por ello, es que también las formas de abordar a los medios tienen que ser diferentes. Los medios y sus equipos de periodistas también están viviendo fuertes transformaciones.

La digitalización favorece la disponibilidad 24/7 y afecta la posibilidad de la desconexión para quienes trabajamos en la modalidad de home office. El estrés se ha elevado y nadie está exento de vivirlo en mayor o menor medida.

La saturación de datos, invitaciones a webinars, eventos, avisos de lanzamientos de servicios o productos, y una variedad amplia de información para los periodistas ha llegado a niveles extremos. Hay editores de medios que aseguran recibir más de 300 correos diarios. Imaginemos el tiempo que requiere abrir uno por uno para saber si es importante, y además hacer el trabajo diario.

Si consideramos que cada vez hay menos personas en las redacciones, las que quedan tienen una elevada carga de trabajo, tratando de encontrar datos de valor en el mar de boletines, avisos y más, entonces resulta obvio que algunos de nuestros contenidos no pasen por el colador de lo "rescatable" para su labor diaria.

De acuerdo con datos de PR Boutiques International (una red de agencias boutique de los cinco continentes), actualmente hay seis personas de relaciones públicas por cada reportero (recordemos la crisis económica que se vive en los medios). Este dato nos da una idea de la cantidad de personas asediando periodistas para que publiquen su información.

Evidentemente, los publirrelacionistas también estamos bajo la presión de cumplir KPIs acordados con el cliente. Para nuestra fortuna, también hemos comenzado a ver cambios en este rubro: calidad se prioriza sobre volumen. Las audiencias atomizadas e hiperinformadas piden contenido con enfoque.

Colocar historias requiere que los publirrelacionistas desarrollemos nuestra parte creativa y exploremos ideas, y busquemos ángulos de interés. El arte está en crear contenido relevante. Los periodistas son mucho más selectivos por temas de tiempo, espacio y presupuestos.

Los medios tradicionales y los digitales han llegado al punto de encuentro donde conviven y son complementados por la opinión del público y las voces de influencers en cualquiera de los canales y plataformas disponibles. En esta comunicación omnicanal, todos buscan algo original para compartir y comunicar.

En medio de tantas voces y formatos, ¿cómo ganar la atención o hacer la diferencia? Con contenido y, nuevamente, con la velocidad de respuesta. La digitalización de la comunicación en todos los ámbitos del quehacer humano nos exige adaptarnos, aprender, analizar y entender qué es lo que se va a comunicar.

El reto constante es lograr que, entre un infinito de información disponible, logremos ser una fuente confiable.

Ayudar a construir la reputación para cualquier marca o persona es uno de los objetivos de las RRPP. Fortalecer el valor de la marca permite a ésta construir una sólida reputación que pondrá el reflector en ella, logrando: reconocimiento, interés por parte de los públicos y, finalmente, el engagement deseado siempre que los factores que complementan las RRPP sean los correctos (las 4 Ps del marketing tradicional).

Justo Villafañe, autor del libro *La buena reputación: claves del valor intangible de las empresas*, enfatiza que: "La reputación es un poderoso factor de diferenciación de productos y servicios, dado que la saturación de los mercados comerciales y la homogeneidad de la oferta ha producido una gran igualdad en dicha oferta". Con base en esta premisa, no queda duda de por qué las relaciones públicas deben formar parte de la inversión básica de todo organismo o institución.

Así pues, el publirrelacionista es un estratega que sabe posicionar a su cliente o marca y mantener el valor de ésta destacando algo más que sus beneficios obvios o inmediatos. Hace ver al público, cómo influye o afecta su vida, y qué le aporta, en esto yace la delicada labor de construir contenidos valiosos y comunicarlos en cualquier medio.

La clave de la vida 4.0 es adoptar esquemas colaborativos; esto es, que sepamos trabajar con otros equipos (periodistas, clientes, etc.) para aportar ideas y escuchar las de los otros y lograr cumplir nuestros objetivos en común. Hablamos de ser abiertos y adaptables.

### EL BOOM DE LOS ESQUEMAS HÍBRIDOS

A partir de 2020, y como consecuencia de la pandemia, tomaron fuerza los esquemas de trabajo colaborativo, aderezados con la identidad de "nómadas digitales", capaces de trabajar a distancia con diferencias horarias.

Aquí es donde muchas agencias boutique como 8ARP Comunicación hacen del trabajo a distancia una forma normal de colaborar, aprovechando herramientas de comunicación como Zoom, WhatsApp, Dropbox, Google Drive y Google Docs, entre muchas otras, sin tener una oficina física. La "oficina" tiene su sede en donde quiera que se encuentren las integrantes del equipo. Podemos decir que somos una agencia poco tradicional, pero adaptada al entorno digital y, sobre todo, habituada a confiar en quienes conformamos el equipo.

Como menciona Patrick Lencioni, autor del bestseller *Las cinco disfunciones de un equipo*, una de las cosas más retadoras para un grupo es su cohesión, pero si se logra, es seguro que será exitoso. Entre los obstáculos a vencer se encuentran: la falta de confianza, el temor al conflicto, la falta de compromiso, eludir responsabilidades y no poner atención en los resultados.

Trabajar con base en objetivos y apostar por la autogestión o administración del tiempo favorece el desempeño eficiente de las actividades laborales en el entorno digital. La capacitación en competencias blandas o *soft skills* es hoy, más que nunca, una necesidad.

Sin confianza, apertura a expresar ideas, escucha activa y el apoyo para el logro de objetivos comunes, no habría equipo en esquema tradicional, digital o híbrido, que pudiera sobrevivir a los cambios de esta era digital.

Cada agencia es única en sus procesos y formas de trabajo. En nuestra experiencia con el trabajo a distancia y uso de herramientas digitales ha sido la constante desde hace cinco años. En este tiempo hemos comprobado que enfocarse en los resultados y dar espacio a la calidad de vida —salario emocional, como hoy le llaman— nos permite ser más creativas y felices al ejecutar nuestra actividad profesional.

### EN QUÉ PONER ATENCIÓN SI BUSCAS AGENCIA BOUTIQUE DE RP

Según PR Boutiques International, este tipo de agencias se distinguen por cuatro características clave: receptividad y enfoque que permiten generar un engagement con mayor velocidad; una asesoría de alta calidad sin los costos asociados con una agencia grande; personalización como piedra angular, y colaboración, resultado de alianzas sin fronteras físicas y culturales.

La misma asociación señala que: "Los mejores resultados de RRPP requieren de estrategias a la medida y de atención personalizada" y aunque bien señalan que la efectividad de cada técnica varía de acuerdo a los mercados y cultura, lo ideal es considerar los objetivos del cliente y generar un plan de acción creativo y fresco, no una fórmula.

Al prospectar un cliente, desde el momento uno el reto siempre es generar confianza y hablar con la verdad; hacerle ver al cliente que se buscará cómo reforzar sus estrategias de comunicación para lograr sus objetivos de negocio, más que detenernos en los obstáculos.

En las labores diarias de los integrantes de una agencia boutique hay un trabajo de tejido fino en el que se hace uso de conocimientos profesionales, y de varias competencias como: inteligencia emocional, creatividad, negociación, resiliencia, gestión del tiempo y la incertidumbre, análisis, además de disposición para actuar cuando sea necesario.

Diseñar una estrategia de RRPP implica saber explicarle a tu cliente que su posicionamiento entre los públicos clave es resultado de un proceso que requiere de tiempo, planificación y creación de contenidos de valor. El contenido es lo que nos une en torno a causas comunes, emociones y sentimientos. Debemos identificar a quién queremos llegar, por qué, para qué, cómo, y cuál es la imagen que se quiere posicionar.

DÉCALOGO DE UN PUBLIRRELACIONISTA FELIZ

Hoy, los hilos intangibles de la super red de información se vuelven el espacio donde tejemos historias que hablan de una persona o de una marca. Así, continuamos el tránsito por las nuevas vías de comunicación y conexión que nos marcan los tiempos digitales.

Aun cuando sabemos que a diario nos retan la hiperconectividad y la tecnología, esto también representa una oportunidad para refrescar la forma en que gestionamos nuestras relaciones.

Gracias al camino que hemos transitado en este tiempo, hoy tenemos claro que:

- Todo lo que hacemos comunica, sea de forma verbal o no verbal.

- Conscientes o no, todos hacemos uso de las relaciones públicas; personas, empresas y organizaciones nos estamos presentando a los demás tratando de que sepan que tenemos algo que decir y que somos confiables.

- Las buenas prácticas siempre serán una buena guía para continuar haciendo las cosas de la mejor manera posible, seas una agencia grande o una agencia boutique.

- Los entornos cambian y seguirán haciéndolo como la única constante de vida que tenemos segura. Sepámonos adaptar sin dejar de prepararnos para ello.

- Los equipos de trabajo complementarios siempre permitirán lograr resultados. Integra un equipo con diferentes habilidades y logra que todos aporten. Las ideas valiosas siempre están latentes, pero hay que saberlas sacar a flote.

- Las personas felices son más creativas, resilientes y comprometidas. Procura una vida personal rica para que tengas una vida profesional en sintonía.

- Si un trabajo no te hace feliz es mejor dejarlo pasar. Tendrás paz mental y dejarás el camino abierto para algo mejor.

- Abrir los sentidos y estar dispuesto a romper esquemas mentales convencionales te facilitará adaptarte a cualquier escenario cambiante.

- El contenido es y será el rey.

- Siempre serás la agencia adecuada para el cliente adecuado. Confía. ))

Referencias:
Lencioni, P. (2002). Las cinco disfunciones de un equipo. Barcelona: Ediciones Urano.
Villafañe, J. (2004). La buena reputación: claves del valor intangible de las empresas. Madrid: Pirámide.
https://prboutiques.com/blog/

Acerca de las autoras

## JENNY OCHOA O'FARRILL

Profesional de Comunicación egresada del Tecnológico de Monterrey. Cuenta con más de 19 años de experiencia en diferentes ramos como: Consultoría de Negocios, Relaciones Públicas, Capacitación, Investigación de Mercado, Comunicación Organizacional, Docencia y Organización de Eventos. Desde hace 16 años se especializa en el campo de las Relaciones Públicas, y hace nueve años fundó la agencia 8ARP & Comunicación, de la cual es directora general.

## MARÍA DOLORES MONTES VÁSQUEZ

Es licenciada en Ciencias de la Comunicación por la UNAM, y actualmente cursa una maestría en Comunicación y Branding Corporativo. Cuenta con un diplomado en Soft Skills y Habilidades Directivas por la Universidad Internacional de La Rioja. Tiene más de 19 años de experiencia como editora y escritora independiente para revistas como *Líderes Mexicanos*, *Alto Nivel*, *Manufactura*, *Entrepreneur*, entre otras. Desde hace ocho años es consultora en comunicación y RRPP, y desde hace cuatro es socia y directora de Cuentas de 8ARP & Comunicación.

"Primero hay que encontrar el nicho de mercado y luego crear un producto remarcable, no al revés"

—Seth Godin

# LA FÁBRICA DE 'WOW CONTENT': UN TALLER DE ARTESANOS Y CIENTÍFICOS DE DATOS

Juan Manuel Fernández C.
PERIODISTA ESPECIALIZADO EN GENERACIÓN DE
CONTENIDOS, STORYTELLING Y MARKETING DIGITAL

Cuando BuzzFeed dividió la creación de contenidos por burbujas en lo que ellos mismos llamaron un "mapa de cartografía cultural", la plataforma convirtió el contenido viral —desde un meme hasta un video cuidadosamente producido— en ciencia aplicada a los entornos digitales.

Se trata de un modelo de burbujas de color en el que clasifican todas las piezas de contenido según lo que buscan generar en sus audiencias.

Por ejemplo, el primer bloque del plan se refiere al humor, y etiquetan su producción con la categoría "Me hace reir". Redactores gráficos y copywriters exploran las tendencias y generan contenido enfocado en divertir.

Pero otro tipo de piezas buscan reforzar la identidad, una joya para lograr que un contenido sea *shareable* o "compartible". Ellos lo llamaron: "Este soy yo". De allí que cuando compartimos en redes sociales algo con una sensación que se asocia con lo que hacemos, es porque alguien más pensó en eso con antelación. El mapa lo completan contenidos para "conectar con otros", los que "me hacen sentir algo" y los que "me enseñan algo".

'ARTESANOS WOW': EXPERTOS EN SENSACIONES

Atrás está quedando la organización tradicional dividida por secciones temáticas. Las redacciones de los grandes publishers en la actualidad están organizadas por el efecto que buscan lograr en sus audiencias y por la velocidad a la que el contenido se produce. De manera que, tenemos contenidos de inmediatez, contenidos de largo aliento o "hard content", y contenidos como los que produce BuzzFeed, los famosos "listartículos" o artículos de lista, que son calificados como "soft content", pero eso no significa que sean más fáciles de confeccionar.

Gianella Carvajal, VP Comercial de Capital Digital en México, durante el foro anual de la Sociedad Interamericana de Prensa (SIP) 2021, se refería a que hay que evitar una división que atormenta a las redacciones: la de contenido 'comercial' y contenido 'editorial. "Hay mal contenido y buen contenido" dijo. Aquí lo podríamos definir como contenido que te hace decir "¡WOW!" y el que pasa desapercibido.

Carvajal ha dedicado su carrera a proyectos transmedia como Pictoline y a la división de Pinterest en español basada en Ciudad de México, entre otros. Su visión es que debemos ver a los "newsrooms" o redacciones como diseñadores de la información. A partir de allí, la plataforma es sólo un *commodity*, mientras tengamos claro nuestro "reader persona" y el sabor que le vamos a dar a nuestro contenido.

Hay que apropiarse de la idea de ser diseñador de información. Los creadores de contenido son verdaderos genios insertos en fábricas, que deben tallar lo mejor de lo artesanal, lo que hace clic, y cocinarlo con la empatía de los sentimientos y de los contenidos vivos, sazonada con la ciencia de datos, la magia de la tecnología analítica que interpreta audiencias. Un arte no debería existir sin el otro. Por algo, lo mejor de lo que ha logrado BuzzFeed tiene que ver con sensaciones humanas frente a la pantalla, más que con revoluciones de tecnología. Son artífices del 'wow content'.

## ROBOTS EN MARCHA: EL PAPEL DE LA ANALÍTICA EN LOS PLANES DE CONTENIDO

La ciencia de datos está presente en las estrategias de contenido de las plataformas más sofisticadas, a tal punto que es inconcebible que no se utilicen herramientas de inteligencia artificial para leer audiencias, tanto en la antesala del proceso de creación, como en la fase "postmortem" (la autopsia que arrojan los reportes de fin de jornada).

A menudo, las juntas de estrategia de contenido arrancan con un ejercicio acerca de los objetivos que busca una campaña. Y, aunque no es equivocado, hay una serie de pasos previos que ubicamos en lo que se llama la "Fase 0" de la planificación. Esta es la parte crucial de los robots, responder a las preguntas: ¿Qué temas están guiando las conversaciones? ¿Cómo llegan a nuestro sitio? ¿Cuánto tiempo duran leyendo? ¿Qué ignoran? ¿Qué les molesta? ¿Qué les encanta? ¿Cómo los sorprendemos? ¿Cómo hacemos para estar presentes en su *newsfeed*? ¿Cuánto nos falta para llegar al punto ideal con esta audiencia?

En muchos casos, los planes de contenido evitan el rubro del presupuesto que se debe dedicar al pago de estas herramientas, porque la mayoría resultan básicas en sus versiones gratuitas. Hablamos de aplicaciones de listening, analítica social, SEO, gestión y programación de contenido, monitoreo de impresiones, etc.

Pero arrancar una estrategia sin haber construido el *gap analysis*, (es decir, la brecha que hay entre el punto inicial y el punto deseado) es pretender conducir una motocicleta en una autopista de infinitos carriles con los ojos vendados: el golpe final será desagradable, sin importar lo sofisticado que sea el vehículo o lo experto que sea el piloto.

La única manera de dividir a los usuarios leales de los ocasionales es definir una estrategia de datos que incluya las métricas mínimas: enganche, compromiso o engagement de la audiencia, conversión y suscripción, monetización y recirculación, principalmente.

Las mejores redacciones tienen, según sus posibilidades, entre una y 10 herramientas de medición de audiencias, pero no sólo con un científico de datos a cargo que se dedica a levantar informes, sino con una plataforma colaborativa donde todos los miembros tienen acceso al menos al 80% de la inteligencia generada. Así, la ciencia de datos está presente en cada plan y equipo de la redacción.

No tiene sentido manejar la información de manera discrecional, porque, de otra manera, no se convertiría en acciones que generen mejores resultados o datos y, por ende, atraiga ingresos para la plataforma que los creó. Los datos deben ser accesibles y rápidos de interpretar.

TALLER ARTESANO: MANUFACTURANDO EL 'WOW CONTENT'

Bienvenidos a la fábrica que usa lo mejor de la ciencia para tallar el arte del contenido. Los datos de audiencia sin el toque narrativo son inútiles. La palabrería sensiblera sin fundamento documental y estadístico es ineficaz. El factor 'wow' se alimenta de dos mundos.

Artesano no siempre significa amateur. Científico no siempre aplica a la medicina o a las megaobras de ingeniería.

Los creadores de contenido somos responsables de aplicar el método científico en nuestras investigaciones: observación, investigación, hipótesis, experimentación, análisis de datos y conclusiones.

Pero las distracciones son nuestro peor enemigo. Hoy se habla de que, ante la infoxificación (exceso de información) que procede de las pantallas, poseemos la misma capacidad de atención de un pez dorado. Somos consumidores 'todo terreno'.

Según DoubleVerify, el consumo promedio de contenido pasó de 3 horas 17 minutos diarias por usuario antes de la pandemia, a 6 horas 59 minutos en la actualidad. Además, la pandemia disparó el consumo de distintos formatos de contenido, sobre todo los del tipo B2B, según Marketing Charts.

Estos números nos muestran que no podemos improvisar. Debemos tener un método. Esta es una estructura sugerida para constituir una fábrica de 'wow content'.

BLOQUE 1. LABORATORIO DIGITAL: LOS RESULTADOS DE LA MINERÍA

Toda investigación que se precie y se respete inicia con un diagnóstico, una auditoría de contenidos y una revisión o formulación detallada de los indicadores de desempeño (KPI, por sus siglas en inglés) que van a ser los rectores del proceso de creación.

La seriedad de esa auditoría es crucial para la veracidad de los fundamentos que se utilicen en las fases próximas, que implicarán la mezcla de lo científico con lo artesanal.

Como mínimo, este bloque también debe tirar líneas de la reputación, posicionamiento y necesidades de optimización que tiene un objeto de estudio para definir si es potencial para generar un árbol de contenidos.

Implica recoger los insumos que formarán una comunidad digital: búsquedas, keywords, fuentes de tráfico, origen de los usuarios (separar los ocasionales de los frecuentes), conversaciones, trending topics, patrones, picos y horarios y cualquier dato que sirva para la fase de prospección.

Las preguntas clave en esta etapa son: ¿En dónde estamos? ¿Cómo nos encuentran? y ¿A dónde deseamos llegar?

BLOQUE 2. PREFABRICACIÓN Y PROSPECTACIÓN: LOS PROTOTIPOS

El laboratorio nos dio los insumos, las métricas, las conversaciones, las tendencias y los momentos calientes de nuestra audiencia.

La prefabricación de contenidos depende de manera crucial de los prospectos, y esos prospectos (de audiencia) son los que darán forma a los prototipos (de formatos de contenido).

Puntualmente, la data arroja recursos para la perfilación de micronichos de audiencia, en términos de los arquetipos a utilizar para contar historias; nos indica los ideales de cómo percibe nuestra marca o plataforma el mundo, las *readers persona* que delimitemos para nuestras comunicaciones y las historias que importan a esa audiencia que segmentamos.

Ese mapa cartográfico de fragmentos de audiencia, junto a los territorios desagregados, que no son más que las temáticas matrices que se plasmarán en el plan de contenidos, serán el norte que utilizarán los artesanos para tallar publicaciones.

Es lo que hizo Volvo con el comercial en el que Jean-Claude Van Damme se posa entre dos camiones: el territorio que la marca quería reclamar es la estabilidad de los vehículos, del cual se puede generar toda una vertical de contenidos que luego convertirá lectores en clientes.

O lo que hizo Coca-Cola con su Instituto de la Felicidad, o lo que hacen Nike y Adidas con las temáticas de competición. Todos estos detalles se bocetan en la fase 2, pero se fundamentan en data y no en caprichos de un ejecutivo de marketing o de un creativo de agencia. Responden a una demanda con evidencia documental digital.

Las preguntas claves en esta etapa son: a quién se lo diré y cómo mi visión de mundo armoniza con la de mi audiencia.

BLOQUE 3. FÁBRICA DE EMOCIONES: LO CUALITATIVO Y LO CUANTITATIVO

La magia del 'wow content' es mezclar lo que se obtuvo mediante la ciencia con el arte de las narrativas, sean visuales, audibles, infodigitales o escritas.

Quizás este es el punto de la fórmula secreta en las salas de redacción, más que la auditoría previa de cómo perciben a la marca, e incluso, más decisiva que el canal de distribución donde se entregarán los contenidos.

Si no hay emoción... Si algo dentro de lo que decimos no enoja, inquieta, divierte, conmueve, inspira o entristece al lector, la fábrica estará generando pérdidas, malgastando energía y derrochando talento.

La estrategia de motores emocionales se combina y se contrasta con lo que las personas andan buscando detrás de sus pantallas. Cada motor debe estar anclado a un eje de contenidos. Cada pilar de contenidos debe ser parte de una matriz de estrategia de mercado, de comunicación, de negocio.

El 'wow content' es estéril sin una meta de negocio y sin un segmento de audiencia que lo respalde.

Pixar sabía que *Coco* tocaría las fibras de las no pocas familias que están ligadas a un ancestro que partió; o que *Toy Story* movería el piso a quienes una vez tuvieron que dejar sus juguetes porque se hacían adultos; que *Los increíbles* tendría personajes para cada rol de la familia, y que *Wall-e*, cuando machucara a su amiga, la cucaracha, transmitiría el sentimiento del terror de la soledad.

Todos son contenidos vivos. Prefabricados con intención. Anexados a una emoción. ¿Por qué no podemos hacerlo nosotros también, artesanalmente, en nuestros planes de contenido?

La pregunta clave de esta fase es ¿Cómo llegaremos al corazón del *reader persona*?

BLOQUE 4. STORYTELLING DE RESULTADOS

Se habla mucho de contar historias. Contar historias suena 'chic'. En la década de 1990, se retomó el concepto para las estrategias publicitarias y, con la llegada del marketing digital, se empezó a acuñar el término 'storytelling' en diversos campos, desde campañas políticas hasta tácticas para desarrollo de marca.

Pero no todo lo que brilla en redes es oro, y no todo el que dice que cuenta historias necesariamente lo hace con un método.

Aunque se haya democratizado el uso de las redes sociales y cualquiera pueda abrir y comercializar un perfil, no todos logran los resultados que buscan ni una narrativa consistente. Sobre todo, después de la aplastante programación de los algoritmos de las principales plataformas, que sirven a un modelo de negocio que lucha con los esfuerzos orgánicos de las marcas.

Dicho esto, el storytelling, para que tenga objeto, siempre debe estar orientado a resultados, porque la producción de contenido no es (ni debe ser) barata, y el margen de error en medios sociales es limitado.

La estrategia de storytelling, complemento del plan de contenidos, debe obedecer estrictamente a los motores y mapeos generados en las fases previas, sin que esto cercene la imaginación de los creativos que buscan encantar con narrativas originales.

Tender Stories, de la marca de joyas Tous, es quizás una de las más geniales campañas de storytelling que se han creado, con una comunicación sutil, conceptual y contundente, que incluso se precia de celebridades en su distribución como la actriz Gwyneth Paltrow a través de capítulos audiovisuales en YouTube. La puesta en escena de la historia, y los formatos utilizados son sólo el espejo del trabajo artesanal del inicio.

La pregunta clave en esta fase del taller es qué medios y formatos usaré para influir en mi audiencia.

BLOQUE 5. AUTOPSIA DEL CONTENIDO

Sí. Se le llama autopsia porque el contenido, una vez que se distribuye en la plataforma que sea, aunque se transforma y da pie a nuevas conversaciones, también es efímero entre la vorágine de contenidos digitales. La gran mayoría perderá vigencia tarde o temprano, entre los contenidos que los sucederán. Esto no es trágico. Le pasa al documental que ganó el premio Oscar y también a la foto de la comida que sube un usuario de la comunidad.

Por eso se requiere de una auditoría póstuma, porque se deben retomar los KPIs trazados en la fase 1, y relanzarlos, examinarlos, profundizar en lo que se alcanzó e ir sobre lo que no se logró. Este proceso, dependiendo del ciclo del contenido, se hace desde una vez al mes, hasta varias veces en una misma hora, dependiendo del giro de medios. No hay otra forma de mejorar que revisando qué funcionó y lo que no.

Sistematizar esos reportes es un proceso auténtico, honesto y abierto que debe construir y reconstruir el plan de contenidos, porque aunque navegamos por una ciencia social, no es una ciencia exacta, como la mecánica o la ingeniería. No todas las preguntas tendrán las respuestas que buscamos.

La pregunta clave en esta última etapa es: ¿cómo nos fue?

¡WOW! ¡¿CÓMO LO HICIERON?!

Mezclar lo artesanal con lo científico nos puede ayudar a generar el efecto 'wow' en, quizás, el mejor momento para crear y consumir contenidos de la historia moderna.

Es entonces cuando las audiencias dirán...

"¡WOW! ¡Se tomaron el tiempo para elegir con pinzas la métrica!"

"¡WOW! ¡Tienen una pared -física o digital- llena con mapas de emociones, client prints, ideales de marca y fichas de reader persona!"

"¡WOW! ¡Planifican las emociones que querían provocar!"

"¡WOW! ¡Es una historia memorable! ¡No puedo esperar para contarla a otros!"

"¡WOW! ¡¿Cómo hicieron eso?! ¡Quiero implementar algo similar!"

Y entonces les responderemos: "Te contaré parte del secreto... somos artesanos y científicos a la vez". ))

Acerca del autor

## JUAN MANUEL FERNÁNDEZ C.

Periodista costarricense radicado en Guatemala, está especializado con 20 años de experiencia en generación de contenidos, storytelling y marketing digital. Creador del Blogdejuanmanuel.com. Ha ejercido para medios como *Forbes Centroamérica* y *Diario Reforma* (México), y editor transmedia en otros como *Soy502*, *Guatevisión* y *Prensa Libre* (Guatemala). Fue miembro del Consejo Global de Editores Turning Points Editorial Board de The New York Times News Services, en 2013. Ganador de cuatro premios de periodismo económico.

www.ingramcontent.com/pod-product-compliance
Lightning Source LLC
Chambersburg PA
CBHW052350220526
45465CB00003BA/1042